赋能前行，
成就每一个幼儿

基于教育场景的"小主人"课程实施研究

严晔 著

上海教育出版社
SHANGHAI EDUCATIONAL
PUBLISHING HOUSE

序

让孩子们成为他们心中最棒的自己
——为上海市嘉定区新成幼儿园的"小主人"课程喝彩

进入 21 世纪，凭借前所未有的科技、文化创新，我国稳步向着世界一流强国的目标迈进。在这一现代化进程中，人的主体性精神在个人的幸福与自由、国家的繁荣与富强中有着巨大的意义。亚历克斯·英克尔斯（Alex Inkeles）认为，如果一个国家的人民缺乏一种能赋予这些制度以真实生命力的广泛的现代心理基础，如果执行和运用着这些现代制度的人自身还没有在心理、思想、态度和行为上经历一个向现代性的转变，那么失败和畸形发展的悲剧结局是不可避免的。如果说人的主体性精神是当代世界哲学的核心课题，那么儿童主体性精神的启蒙、激发、陶冶、涵养与培育则是当代全球教育的核心理念。正如巴西著名教育家保罗·弗莱雷（Paulo Freire）指出，教师开展教育活动的一个重要前提就是要将儿童视为有主体性精神的个体，而不是自己的附属物，不是自己可以随意揉捏的作品，不可忽视儿童有其自身的思想、眼光与主张，不能将自己视为知识的权威者。

儿童主体性的弘扬也是联合国教科文组织（UNESCO）多年来始终关注的重要课题。国际 21 世纪教育委员会提交的著名报告《学会生存——教育世界的今天和明天》，就对传统教育忽视儿童主体性精神展开了强烈批判："教育有两个根本弱点……第一个弱点是它忽视了（不是单纯地否认）个人所具有的微妙而复杂的作用，忽视了个人所具有的各式各样的表达形式和手段。第二个弱点是它不考虑各种不同的个性、气质、期望和才能。"正因如此，儿童主体性精神的启蒙、激发、陶冶、涵养与培育成为现今世界教育改革的浩荡潮流。无论是享誉世界各国的主流教育学派，如批判教育学、关系教育学、关怀伦理学、建构主义教育学、解释学教育学、对话教育学等，还是活跃在世界各地的各种主流的学前教育课程模式，如进步主义课程、蒙台梭利课程、高瞻课程、瑞吉欧课程、安吉游戏课程等，它们都将儿童主体性精神的生成视为教育的核心目标与重要内容。以我国的安吉游戏课程为例，安吉游戏的精神就是儿童自主游戏的精神，就是发挥儿童自主、自由、积极、能动的精神。正如李雅军所说，安吉游戏实现了幼儿教育游戏化，转变了游戏的本质，充分调动了幼儿的积极主动性，发挥了幼儿的主体作用，使幼儿在游戏过程中健康、快乐地成长。

虽然儿童主体性精神及其培育极其重要，但国内关于儿童主体性课程的探索与实践还是比较缺乏和薄弱的。可喜的是，上海市嘉定区新成幼儿园严晔园长及其团队在 2012 年便开始了"小主人"课程的探索。十多年来，新成幼儿园始终以儿童主体性为重要课题，基于教育场景开发的"小主人"课程的探索与研究取得了丰硕的成果，为幼儿主体性的启蒙、激发、陶冶、涵养与培育积累了丰富的经验。难能可贵的是，严晔园长及其团队并没有将课程探索局限在教育活动的案例与简单的经验总结上，而是通过科学的反思，将这些宝贵的经验上升到理论创新的高度，使其具有普适性价值，如"小主人"课程的内涵、三类教育场景（时空场景、资源场景、需求场景）、三个实施原则（"双主体"原则、场景拓展原则、动态调整原则）、三个实施策略（场景融合策略、主题建构策略、赋权支持策略）、六种具体操作方法（领域破界法、形式灵动法、三段推进法、动态调整法、赋权四步法、留白支持法）、两个评价法（CIPP 模型评价法、PDEA 模型评价法）和四个保障机制（弹性机制、全员联动机制、共享机制、激励机制）。这为"小主人"课程在上海乃至全国的推广与应用提供了扎实的基础。

新成幼儿园的"小主人"课程探索的宝贵与可爱、值得重视与推广之处有以下几个方面：

其一，进取的自由精神。新时代的幼儿教育必然要以培育儿童进取的自由精神为首要目的。早在 1900 年，梁启超先生心中就有一个伟大的梦想，那就是希望我们的国家成为"杲日斯升"的"少年中国"，而"少年中国"的核心在于进取的自由精神。"少年中国"的建设需要从幼儿园教育抓起，如果每所幼儿园都能注重对儿童进取的自由精神的启蒙与涵养，那么未来我们国家的建设者必然会保有自由的童心、创新的童心、开拓的童心、进取的童心。诚如《少年中国说》里震撼人心的诗句："红日初升，其道大光。……乳虎啸谷，百兽震惶。鹰隼试翼，风尘吸张。奇花初胎，矞矞皇皇。……美哉，我少年中国，与天不老！壮哉，我中国少年，与国无疆！"值得称道的是，新成幼儿园的"小主人"课程关注的正是如何点燃与激发儿童进取的自由精神。"小主人"课程的"四自"目标（自我主张、自主探究、自行管理、自我激励），指向的就是启蒙、激发、陶冶、涵养、培育每个儿童进取的自由精神，尊重每个儿童都有其独特的气质与个性、能力与倾向、兴趣与爱好。教育就是解放儿童，为儿童赋能，成就儿童，让每个儿童都有进取之心、自由之心、创造之心、成才之心。

其二，积极的成长渴望。新时代的幼儿教育的重要理念是，要帮助儿童逐渐成长为能动的而非顺从的儿童，积极的而非保守的儿童，进取的而非退缩的儿童，开放的而非封闭的儿童。这样的儿童是有积极的成长渴望的，这样的儿童是有想象能力和创造精神的，这样的儿童是有学习与成长的潜能的。诚如古希腊哲学家苏格拉底所言，教育是点燃每个儿童心中学习的渴望！新成幼儿园非常重视激发每个儿童积极的成长渴望，要求教师成为儿童成长的"有心人"，提供自由、民主、尊重、鼓励、支持的氛围，激发儿童学习与成长的渴望。"在'小主人'课程中，教师需要具备敏锐度和创造力，去识别并利用教育场景中的学习机会，灵活调整课程以满足幼儿的实际需求，成为幼儿学习的引领者和支持者，共同构建富有生命力的课程。""小主人"课程对教师的这一要求，完全体现了《学会生存——教育世界的今天和明天》中科学、先进的教育理念与时代精神，即教育要"保持一个人的首创精神和创造力量而不放弃把他放在真实生活中的需要；传递文化而不用现成的模式去压抑他；鼓励他发挥他的天才、能力和个人的表达方式，而不助长他的个人主义；密切注意每一个人的独特性，而不忽视创造也是一种集体活动"。

其三，主动的服务意识与能力。儿童主体性教育不仅体现为尊重儿童的主动性，顺应儿童的自主性，呵护儿童的自由性，关心儿童的差异性，而且还意味着懂得儿童是有责任的小小主体，这小小主体同样有着"为他人""为集体"主动的服务意识与能力。无论是初始版的课程目标"具备初步责任感的'小主人'"，还是修订版的课程目标"有自主能力的'小主人'"，新成幼儿园始终体现了对儿童主动的服务意识与能力的高度重视。需要指出的是，"小主人"课程对主动的服务意识的培育也是与陈鹤琴先生的"活教育"思想高度一致的。陈鹤琴先生提出了"做现代中国人"的儿童教育的五个基本主张：要有健全的身体，要有建设的能力，要有创造的能力，要能够合作，要有服务意识与能力。其中的第五点就是希望儿童有主动的服务意识与能力，这也是主体性精神的重要体现。幼儿阶段是具备初步为他人服务的意识与能力的启蒙关键期。服务意识与能力的初步形成，既是培养儿童独立能力、建立自信心的过程，也是帮助儿童形成正确的自我意识、他人意识的过程。陈鹤琴先生提出了"小兵丁儿童服务团"的概念，希望"服务"能成为儿童的重要意识、能力与品格，为此还创作了歌曲《小兵丁》："我是一个小兵丁，哒哒哒，向前进。你是一个小兵丁，跟我前进。拍拍手，踏踏脚，一二三，三二一。我们都是小兵丁，勇敢前进。"

其四，鲜明的政治主张。"小主人"课程不仅注重培育儿童进取的自由精神、积极的成长渴望、主动的服务意识与能力，而且难能可贵的是，还拥有鲜明的政治主张，通过爱国主义的启蒙教育，帮助儿童逐渐形成"小小主人翁"意识。我始终记得在幼儿园大班时，教师给我们播放过一部由长春电影制片厂拍摄的儿童故事片《红孩子》，其中的主题曲《共产主义儿童团团歌》令我深深感动，我喜欢它的旋律，更喜欢它的歌词："准备好了么？时刻准备着，我们都是共产儿童团，将来的主人，必定是我们。嘀嘀嗒嘀嗒嘀嘀嗒嘀嗒。小兄弟们呀，小姊妹们呀！我们的将来是无穷的呀，牵着手前进，时刻准备着。嘀嘀嗒嘀嗒嘀嘀嗒嘀嗒。……"电影里，革命根据地的哥哥姐姐们在艰难困苦的环境下始终坚信光明终有一天会到来，虽然年龄还小，但每个小小的"我"都是一颗顽强斗争的"种子"，都是一个坚强奋斗的"小主人"。幼年时的我是幸运的，遇到了有鲜明的政治主张的幼儿教师，他们在我的心中播撒下了"小小主人翁"意识的种子。同样，新成幼儿园的孩子们也是幸运的，他们有缘与"小主人"课程相遇，与"爱国主义"的启蒙课程相遇。书中这样写道："2024年，我们再攀高峰，市级德育课题'赋权儿童行动：幼儿参与爱国主义班本化课程设计与实施研究'成功立项。此课题的立项，不仅是对'小主人'课程理念的一次深化与创新，更是对幼儿爱国主义教育方式的一次大胆尝试。我们引导幼儿参与爱国主义课程的设计与实施中，通过让他们亲身体验和主动探索，培养他们的爱国情怀和社会责任感。"

在此，需要为新成幼儿园的"小主人"课程的探索和取得的丰硕成果喝彩。我不由自主地为"小主人"课程写下了这首题为"小小的主人"的小诗，表达我对"小主人"课程的欣赏。

小 小 的 主 人

你听到了吗?号角在吹响，我们都是红色的儿童，小小的我们，游戏与劳动，啦啦啦啦啦啦啦啦啦。

你看到了吗?红旗在飘扬，我们是多么的幸福呀，手牵着手呀，心连着心呀，啦啦啦啦啦啦啦啦啦。

你想到了吗?爸爸和妈妈，我们每天都在长大，探究与管理，主张与激励，啦啦啦啦啦啦啦啦啦。

红色儿童们，挺起了胸膛，克服困难勇敢前进，不怕失败挫折，小小的主人，啦啦啦啦啦啦啦啦啦。

最后，祝愿新成幼儿园不断深化课程的探索，再创新的辉煌。

是为序。

谨识于二〇二五年一月

前　言

近年来，国家越发强调幼儿在学前教育中的主体地位。本书旨在基于国家教育政策，通过"小主人"课程的实施，为幼儿提供一个全面发展的平台，让他们在幼儿园阶段就能成为"小主人"，为未来的学习和生活打下坚实的基础。

本书的核心在于"成就每一个幼儿"。我们深知，每一个幼儿都是独一无二的个体，都拥有不同的兴趣、能力和需求。因此，我们尝试打破传统课程的束缚，根据幼儿的兴趣、能力和需求，对传统课程进行选择、调适和整合，预留生成活动的空间，鼓励幼儿参与课程选择、设计和评价，成为课程真正的"小主人"。这种"以幼儿为本"的教育理念，不仅尊重了幼儿的主体地位，而且激发了他们的学习兴趣和创造力。

2012 年，我们开启了"小主人"课程的探索，致力于通过课程不断唤醒幼儿的自我意识，培养幼儿的自我主张、自主探究、自行管理、自我激励（合称"四自"）能力。为了实现课程目标，本书详细介绍了"小主人"课程的内涵、三类教育场景（时空场景、资源场景、需求场景）、三个实施原则（"双主体"原则、场景拓展原则、动态调整原则）、三个实施策略（场景融合策略、主题建构策略、赋权支持策略）、六种具体操作方法（领域破界法、形式灵动法、三段推进法、动态调整法、赋权四步法、留白支持法）、两个评价法（CIPP 模型评价法、PDEA 模型评价法）和四个保障机制（弹性机制、全员联动机制、共享机制、激励机制）。这些内容构成了完整的课程实施框架，为幼儿、教师和幼儿园的发展提供了有力支撑。

本书的创新之处主要体现在两个方面：一是创新课程班本化实施方式，运用场景融合、主题建构、赋权支持三个策略，凸显课程师幼共建的特点，促进幼儿自主发展；二是整合课程多元领域，创新挖掘教育场景的价值，将教育场景划分为时空场景、资源场景、需求场景，并根据时空、资源、需求等进行课程选择、调适和整合，赋予幼儿多元领域体验和感受，实现幼儿全面发展。

总之，希望本书能为其他幼儿园提供可借鉴的课程班本化实施方案，引领教育迈向更加个性化、高效且充满爱的未来，为每一个幼儿发展赋能。

严　晔

2025 年 3 月

目　录

上篇
课程传承
——基于教育场景的"小主人"课程研究缘起

2012 年，我们开创了"小主人"课程。 历经多年实践，我们意识到该课程仍存在诸多不足之处，幼儿的主体性有待进一步强化。 为此，基于前人理论与最新教育政策，我们启动了新一轮课程研究——基于教育场景的"小主人"课程研究，对原来的课程理念进行了更为深刻的诠释，并确立了新的课程目标体系，旨在培养更具有自主性的"四自"（自我主张、自主探究、自行管理、自我激励）幼儿。 为实现这个目标，我们对课程内容进行了全面重构，确保每个环节都紧密贴合现代教育的需求，以期为幼儿提供更加丰富、实用且富有启发性的学习体验，助力他们在未来的人生道路上茁壮成长。

第一章 "小主人"课程研究起源

历经十余年，"小主人"课程已助力众多幼儿成长为独立自主的未来之星。为强化幼儿的主体性，我们针对"小主人"课程的不足之处，开展了"基于教育场景的'小主人'课程实施研究"。此研究旨在通过师幼共建，深挖教育场景潜力，全面促进幼儿"四自"能力发展。我们坚信，通过不断优化课程，能更有效地激发幼儿内在潜能，让他们在丰富多元的教育场景中主动学习，成长为更加自信、独立的"小主人"，为适应未来社会打下坚实基础。

第一节 课程回望

在学前教育探索之路上，2012 年成为一个重要的转折点，我们顺应幼儿发展的规律，提出了"幼儿自主发展"的理念，并正式开启了"小主人"课程的研究。自此项研究开展以来，我们在不断地探索与总结中经历了初探、更新与突破三个阶段。在初探阶段，我们摸索前行，奠定课程基础；在更新阶段，我们优化课程内容，提升教学效果；在突破阶段，我们勇于创新，实现课程质的飞跃，持续推动幼儿自主发展迈向新高度。

一、初探阶段：建构"小主人"课程

2012 年，我们迎来了一次深刻的思考：如何在日常课程中更加鲜明地彰显幼儿的主体地位，让每个幼儿都能成为自己学习和成长的"小主人"？这一核心问题的提出，意味着我们开始更加注重幼儿的个体差异和自主发展。为了回应这一时代需求，我们初步构建了"小主人"课程框架，旨在通过一系列创新的教育活动，激发幼儿的内在学习动力，培养他们的自主意识和能力。

随着时间的推移，到了 2014 年，我们依托市级课题"幼儿园'小主人'课程的研究与实施"，开启了对"小主人"课程的深度研究。在这个过程中，我们将园本研修与科研活动紧密结合，通过深入挖掘园内外丰富的教育资源，逐步明确了"小主人"课程的目标体系，并将"小主人"课程理念融入一日活动的各个环节，从入园到离园，每个细节都充满了自主性元素。教师精心设计了一系列自主探究活动，有效促进了幼儿自我主张、自主探究、自行管理（合称"三自"）能力的全面发展。

同时，为了全面评价幼儿在"小主人"课程中的成长，我们构建了多元化的评价体

系，包括幼儿自评、同伴互评等，确保评价的全面性和客观性。此外，我们还建立了一系列保障机制，如教师培训制度等，为"小主人"课程的顺利实施提供了有力支撑。

二、更新阶段：迭代"小主人"课程

2019 年，随着教育理念的不断深化，我们聚焦核心问题：如何在课程班本化中满足幼儿的个性化发展需求？这标志着"小主人"课程进入迭代的关键阶段。在这个阶段，我们深刻认识到，每个幼儿都是独一无二的个体，其兴趣、能力、需求各不相同，因此课程必须更加契合幼儿的实际，实现真正的个性化教学。

在此背景下，2020 年，我们依托区重点课题"基于教育场景的'小主人'课程实施研究"，进一步扩充了培养目标，在原有的"三自"基础上新增了"自我激励"，形成了"四自"能力培养体系，旨在通过激发幼儿的内在动力，促进其全面发展。为了实现这个目标，我们以"一日活动皆课程""任何场景皆学习"为指引，鼓励教师与幼儿"双主体"共同建构课程，主动挖掘幼儿当下的兴趣和需求，结合人、事、物三个变量，构建立体、整合、动态的教育场景，形成了时空场景、资源场景、需求场景三类教育场景。

在实施过程中，我们还提出了"双主体"原则、场景拓展原则、动态调整原则三个实施原则，确保课程既符合幼儿当下的兴趣和需求，又能随着幼儿的发展而灵活调整。同时，我们还梳理出场景融合策略、主题建构策略、赋权支持策略三个实施策略，领域破界法、形式灵动法、三段推进法、动态调整法、赋权四步法、留白支持法六种具体操作方法，以及弹性机制、全员联动机制、共享机制、激励机制四个保障机制，为课程的顺利实施提供了有力支撑。

这一系列举措不仅有力地推动了幼儿"四自"能力的培养，还促进了教师课程领导力的提升，如学会了如何观察和解读幼儿，如何根据幼儿的兴趣和需求设计课程，成为幼儿学习路上的引领者和支持者。

三、突破阶段：创新"小主人"课程

2023 年，结合时代的需求，我们聚焦核心问题"如何在课程中成就每个幼儿全面发展？"，并将此作为深化"小主人"课程研究的突破点。这一问题的提出，彰显了我们对幼儿个体差异的尊重及对幼儿全面发展目标的不懈追求。

秉承"幼儿发展优先"和"儿童友好"的理念，我们迅速行动，成功立项了两个区级课题："幼儿发展优先理念下'小主人'赋权行动研究"与"儿童友好理念下'小主人'课程优化研究"。这两个课题聚焦一日活动的各环节，充分赋予幼儿话语权、决策权、实施权和评价权，让幼儿真正成为自己学习与成长的主人。通过实践探索，我们旨在构建一个更加开放、包容、"以幼儿为本"的教育环境，让每个幼儿都能在参与和体验中获得成长。

在此基础上，2024年，我们再攀高峰，市级德育课题"赋权儿童行动：幼儿参与爱国主义班本化课程设计与实施研究"成功立项。此课题的立项，不仅是对"小主人"课程理念的一次深化与创新，更是对幼儿爱国主义教育方式的一次大胆尝试。我们引导幼儿参与爱国主义课程的设计与实施，通过让他们亲身体验和主动探索，培养他们的爱国情怀和社会责任感。

在一系列课题的引领下，我们不断探索和实践有效的实施路径、原则、策略和评价机制，以期帮助幼儿展现最大的潜力和创造力，最终实现每个幼儿的全面发展。

第二节 文 献 综 述

在本节，我们主要选取关于幼儿主体作用及教育场景的研究文献进行分析。

一、关于幼儿主体作用的研究

近年来，随着教育理念的不断进步，关于如何发挥幼儿主体作用的研究越来越多。例如，黄娟娟在《幼儿园半日活动中师幼互动类型及成因的社会学研究》中指出，师幼互动主要分为师班互动型、师个互动型和教师控制—幼儿接受型，其中教师控制—幼儿接受型占主导。她强调，应增加师组互动即教师与幼儿小组之间互动的比例，以建立平等型师幼关系，让幼儿在小组中自由表达，从而培养幼儿主体性和自主性。雷鸣在《彰显幼儿美术教育的实践性和主体性——评〈幼儿美术教育〉》中特别强调美术教育在培养幼儿主体性方面的重要作用。他指出，美术教育不应仅仅是教授绘画技巧，更重要的是，要让幼儿通过亲身创作来表达自己的情感和思想。这种表达方式有助于幼儿认识自我，发展他们的想象力和创造力，进而促进他们主体性发展。李颖和袁爱玲在《儿童幸福的多维度分析：权利与主体性》中，从多个维度分析了儿童幸福与主体性的关系。他们指出，儿童幸福与主体性是相辅相成的，一个幸福的儿童往往具有更强的主体性和自主性，能够更好地掌控自己的生活和学习。为了提升儿童的幸福感，学前教育应关注儿童的权利与主体性。唐惠一、庞燕萍在《如何在体验学习活动中培养幼儿的主体性》中指出，体验学习活动是发展幼儿主体性的有效途径。她们认为，通过变革主题活动、深挖环境材料、整合多方资源等策略，可以激发幼儿的主动性和创造性。纪海燕在《促进幼儿主体性发展的教师支持性教学策略》中指出，为了促进幼儿主体性发展，教师应采取支持性教学策略，包括创建支持性环境，提供丰富的学习资源，引导师幼合作，鼓励自我评价，等等。蒋慧在《幼儿兴趣的理论思考：概念厘清与价值分析》中指出，幼儿兴趣是主体性发展的基石。她强调兴趣具有多样性、个体差异性和发展性，认为教师应关注幼儿的兴趣，以此为基础设计活动，激发幼儿学习动力，促进幼儿全面发展。

从总体上来说，关于如何发挥幼儿主体作用的研究，已经取得了显著的成果。研究者主要集中于三个领域：师幼互动模式、教学策略和儿童幸福感与主体性。在师幼互动模式方面，研究者强调通过优化互动方式，减少教师的控制，从而为幼儿提供更多的主动参与机会；在教学策略方面，研究者积极探索多样化教学策略，如创建支持性环境、推动合作学习等，以期激发幼儿的学习兴趣和主动性；在儿童幸福感与主体性方面，研究者强调应以儿童为中心，关注儿童的幸福感和主体性，全面促进其身心全面发展。

尽管研究取得了诸多进展，但仍存在一些不足之处，如理论与实践的脱节使得部分策略难以在实际教学中得到有效应用，评价体系的缺失让幼儿主体性的发展难以量化评价，家长与社区的参与不足限制了教育资源的整合与利用，等等。因此，未来的研究需要更加注重理论与实践相结合，完善评价体系，并积极探索如何更好地让家庭和社区参与学前教育。

二、 关于教育场景的研究

教育场景的设计与应用已成为提升教育质量、促进幼儿主体发展的重要途径。近年来，关于教育场景的研究日渐增多。例如，方正在《数智技术赋能思想政治教育场景化：出场、风险与实践策略》中指出，场景化教育已成为数智社会思想政治教育的重要实践方向，场景在传递教育内容、激发学习兴趣方面具有重要的作用。高雅琴在《游戏与幼儿音乐教育》中指出，游戏是促进幼儿音乐教育的重要手段。她认为，通过游戏化的音乐教育场景，可以激发幼儿对音乐的兴趣，培养其团体意识和探究能力。这一观点强调了游戏化场景在学前教育中的独特价值，即通过趣味性和互动性激发幼儿的学习动力。郁亚妹在《重建教育场景：幼儿园个性化教育的新路径》中深入探讨了如何通过重建教育场景来实现幼儿园个性化教育。她提出，教育场景应由空间材料、教育活动、教师三个变量组成，并通过动态调整这些变量来满足幼儿的个性化需求。这一研究为如何建构教育场景来体现幼儿主体性提供了具体路径。李传庚在《场景思维：一种新的教育连接方式》中引入了"场景思维"的概念，认为通过建构复杂、真实、多样的学习场景，可以点燃学生的思维火花，促进其思维发展。他强调场景在教学中的重要性，并提出教师应努力让学习场所转变为具有教育意义的学习场景。隋桂凤在《从三个场景感受美国教育的"儿童立场"》中，通过描述美国教育中的三个具体场景，展示了美国教育如何从儿童的角度出发，设计多彩的学习环境、自由的教学方式和平等的师生关系，从侧面反映教育场景设计应体现以儿童为中心的原则。饶冠俊在《基于多重理论耦合的未来社区教育场景构建价值与行动路径》中，从社区教育的角度探讨了教育场景的构建。他提出，未来社区教育场景应以人为本，数智赋能，开放共享。周伟、王可、胡卉芪在《面向在线教育场景的异构数据生成工具》中，针对在线教育场景，设计了异构数据模型和数据生成工具。

从总体上来说，关于教育场景的研究主要集中在以下几个方面：一是游戏化教育场景的设计与应用，强调通过游戏激发学生的学习兴趣；二是个性化教育场景的构建，注重根据学生的不同需求调整教育场景；三是场景思维在教育中的应用，提倡通过创设复杂多样的学习场景，促进学生思维发展；四是教育场景中的儿童中心原则，强调从儿童的角度出发设计教育环境。然而，当前这些研究大都针对中小学，专门针对学前教育的研究较少。因此，学前教育中教育场景的构建还有待进一步研究。

基于目前研究中存在的不足之处，我们开展了"基于教育场景的'小主人'课程实施研究"，旨在探索如何更好地凸显"小主人"的地位，以及如何更科学、合理地设计学前教育中的教育场景，促进幼儿全面发展。

第三节 研究意义

《中国学生发展核心素养》明确指出，"自主发展"是中国学生发展核心素养的重要组成部分。《3—6岁儿童学习与发展指南》和《上海市学前教育课程指南（试行稿）》也强调"以幼儿发展为本"的教育理念，注重让幼儿成为学习与发展的主人，拥有发展的自主权。我们开展的"基于教育场景的'小主人'课程实施研究"，不仅顺应了政策导向，更满足了幼儿发展的需求，有利于培养全面发展的"小主人"。具体的研究意义体现在以下几方面。

一、有利于落实"师幼共建"理念

在"小主人"课程深入实践与持续探索中，我们逐渐意识到一个问题：在课程构建与实施中，如何既能维系课程的系统性与连贯性，又能尊重幼儿的真实体验、发现及需求，进而达成预设与生成的和谐共生？针对这一问题的探索，不仅关乎课程的有效实施，更触及学前教育的本质，即"以幼儿为本"，促进幼儿全面发展。

"基于教育场景的'小主人'课程实施研究"正是为了破解这一难题而展开的。它聚焦课程实施中的预设与生成关系，通过深入挖掘教育场景的价值，为课程的优化与革新提供新的视角和路径。具体来说，一是有助于推动教师教育理念的转变。在传统的教育

7

模式中，教师往往过于注重预设内容的传授，而忽视幼儿作为学习主体的真实兴趣与需求。"小主人"课程则强调"以幼儿为本"，鼓励幼儿主动探索，自主学习，引导教师从"我能给予什么"转向"幼儿真正需要什么"，从而实现课程设计与活动组织的根本性转变。二是有助于教师提升专业素养与课程领导力。在"小主人"课程中，教师需要具备敏锐度和创造力，去识别并利用教育场景中的学习机会，灵活调整课程以满足幼儿的实际需求，成为幼儿学习的引领者和支持者，共同构建富有生命力的课程。三是有助于促进幼儿的全面发展。在"小主人"课程中，幼儿能在丰富多样的场景中自由探索，自主学习，充分发挥主动性与创造性，促进认知、情感、社会性等方面的全面发展。

总而言之，"基于教育场景的'小主人'课程实施研究"为我们提供了一个全新的视角和路径，有利于落实"师幼共建"理念。

二、 有利于教育场景的充分挖掘与利用

在实践中，我们还遇到了深入挖掘与利用教育场景方面的挑战，这些挑战成为制约课程效果与幼儿主动探索学习的重要因素。"基于教育场景的'小主人'课程实施研究"有利于教育场景的充分挖掘与利用，具体体现在以下几方面。

首先，本研究有利于教师突破过度依赖预设内容的局限，唤醒对教育场景潜在价值的深刻认识。通过深入分析教育场景在幼儿学习中的关键作用，教师能从刻板的教学计划中解脱出来，更加敏锐地捕捉那些自然发生、充满教育意义的学习契机。这不仅能让课程实施更加灵活多变，更能激发幼儿根据兴趣和需求进行自发探索的热情，使学习成为一个动态、生成的过程。

其次，本研究有利于教师对教育场景价值的理解与有效运用。教育场景不仅是物理空间的布局，更是幼儿情感、认知与社会性成长的沃土。通过挖掘教育场景的多元功能，教师能更好地将其转化为促进幼儿全面发展的有力工具。例如，教师将偶然的雨天转化为观察自然现象、理解科学原理的生动课堂，让幼儿在亲身体验中收获成长。

再次，本研究有利于教师角色的转型与升级，从知识的传授者转变为幼儿学习的引领者和支持者。这一转变要求教师克服以"教"为中心的思维定式，更好地适应"小主人"课程的需求，为幼儿创造一个更加开放、多元、富有探索性的学习环境。

最后，本研究有利于推动教育场景的丰富与整合，为幼儿提供更为广阔的学习视野和连贯的学习体验。在"小主人"课程的理念下，我们倡导建构多元智能发展的学习环境，通过整合幼儿园、家庭和社区资源，打破传统教学方式的束缚，让幼儿在丰富多样的场景中自由探索，全面发展。

三、 有利于"四自"能力培养

"基于教育场景的'小主人'课程实施研究"对幼儿自我主张、自主探究、自行管理、自我激励能力即"四自"能力的培养具有重要价值。"四自"能力不仅是幼儿当下学习和生活需要具备的核心素养，更是其未来成长为具有独立思考、勇于创新、善于自我管理能力的关键基石。

通过深入探索与实践"小主人"课程，我们愈发认识到教育场景在幼儿能力培养中的核心作用。它要求我们在场景中深刻理解和尊重每个幼儿的学习需求，建构支持他们主动探索与学习的环境，这是实现幼儿全面发展的基础。同时，面对幼儿整体发展、差异发展和可持续发展的长远目标，我们现有的教育路径、方法和策略亟须进一步优化与创新。本研究将助力我们更好地尊重幼儿的差异发展，通过细致观察与敏锐捕捉，在教育场景中为具有不同兴趣、能力、学习风格的幼儿提供个性化的学习支持，确保每个幼儿都能在适合自己的节奏中茁壮成长。

第二章 "小主人"课程理论基础与政策背景

在教育实践的不断探索与深化中，我们深刻体会到前人教育理论的丰富与国家政策的坚实支撑。这些理论与政策如同一盏盏明灯，为"小主人"课程的持续调整与优化指明了方向，使我们在尊重幼儿个性发展的同时，能够更加科学、系统地完善课程体系。正是有了这样的理论引领与政策导向，我们才得以在教育的广阔天地中，更加自信地迈出每一步，为培养具有自主学习能力和创新精神的新时代"小主人"而不懈努力。

第一节 理 论 基 础

通过借鉴前人智慧，本研究得以深化推进。场景理论启发我们深挖并优化教育契机；建构主义理论让我们认识到幼儿通过与环境的互动主动建构知识；儿童中心理论提醒我们围绕幼儿需求与兴趣，整合班级资源，建构以幼儿为主体的课程。这三者如同明灯，照亮教育实践之路，有力推动了从"教师主导"到"幼儿主体"的教育模式转变，全面促进幼儿"四自"能力发展，为幼儿全面发展奠定坚实基础。

一、场景理论

场景理论于20世纪80年代末由美国学者特里·N. 克拉克（Terry Nichols Clark）提出，为我们理解空间与社会生活的关联提供了独特的视角。克拉克将"场景"视为一个综合性概念，认为它不仅适用于物理空间的范畴，还涵盖社区结构、实体建筑的美学特征、人群特征、定期举行的特色活动及文化价值。这五项基本要素相互交织，共同构成了场景理论的核心内容。

（一）核心内容

1. 社区结构

场景理论中的社区结构是指人们居住、工作、进行社会交往的物理和社会空间布局。它不仅关乎地理上的接近性，更重要的是，还体现社区内部的社会关系网络、互动模式及资源分配情况。社区结构的紧密性、多样性及居民的相互支持程度，共同塑造了一个社区的独特氛围和活力。例如，一个拥有丰富社区活动、居民间互动频繁的社区，往往能形成更强的凝聚力和归属感。

2. 实体建筑的美学特征

实体建筑作为场景的重要组成部分，其美学特征不仅体现在外观的设计感、材料的质感及空间布局上，还在于建筑与周围环境和谐共生，以及通过视觉、触觉等多感官体验激发人们的情感共鸣。建筑的美学价值不仅在于其作为艺术品的独立存在，还在于成为连接人与环境、过去与现在的桥梁，引导人们的行为模式和生活方式。例如，一座充满历史韵味的建筑，可能激发人们对过去的怀念和对文化的尊重，从而形成一种独特的文化氛围。

3. 人群特征

人群特征是场景理论中不可或缺的内容，涵盖了场景中人群的年龄、性别、职业、文化背景、价值观念等多方面的特征。这些特征共同构成了场景的社会属性，影响着人们的互动方式、行为准则及文化表达。人群的多样性是场景活力的源泉，有利于促进不同思想、观念的碰撞与融合，为场景的创新性发展提供了无限可能。同时，人群特征也影响着场景的功能定位和服务需求，是场景规划和设计的重要依据。

4. 定期举行的特色活动

活动是场景活力的直接体现，也是场景文化价值的重要载体。定期举行的特色活动，如节日庆典、文化展览、体育赛事等，不仅能丰富场景的文化生活，还能促进人们之间的交流与互动，增强场景的凝聚力和认同感。这些活动往往蕴含特定的文化意义和价值观念，通过参与和体验，人们能够更深刻地理解和认同场景的文化氛围，从而形成共同的文化记忆和身份认同。

5. 文化价值

文化价值是场景理论的核心内容之一，贯穿场景的所有方面，是场景独特性和吸引力的源泉。文化价值不仅体现在物质层面（如建筑风格、艺术品等），更体现在精神层面（如价值观念、行为准则等）。通过日常互动和仪式活动，文化价值得以传承和强化，形成了场景独特的文化氛围和价值取向。这种文化氛围不仅影响着场景内部人们的行为模式和思维方式，还能对外产生辐射作用，吸引更多志同道合的人加入并共同维护这一文化氛围。

（二）在教育领域中的应用

在教育领域中，场景理论的引入可以促使我们从更广阔的视角审视教育环境的构建，它强调教育是一个全方位、多层次的过程，而非单一的知识灌输。以下几点是场景理论在教育领域中的应用策略。

1. 个性化学习空间的打造

根据幼儿的学习风格和兴趣，我们可以设计多样化的学习区域，如阅读角、科学实验区、艺术创作室等，满足不同幼儿的学习需求，激发其内在的学习动机。

2. 互动式教学模式的推广

我们可以鼓励幼儿采用小组讨论、项目式学习等合作学习方式，增强师幼、幼幼之间的互动，模拟真实社会场景，提升幼儿的问题解决和团队协作能力。

3. 社区参与与资源整合

我们需要加强与社区的合作，利用社区资源（如工厂、社区服务项目）丰富教学内容，同时让幼儿走出幼儿园，参与社会实践，增强社会责任感。

4. 文化教育的融合

我们还可以在教育活动中融入多元文化元素，通过节日庆典、园际交流等活动，增强幼儿对不同文化的理解和尊重，培养其全球视野。

5. 技术支持的场景创新

利用现代信息技术，如虚拟现实（VR）、增强现实（AR）等技术，我们可以给幼儿创造沉浸式学习体验，使抽象概念具体化，提高学习的趣味性和有效性。

总之，场景理论为教育场景的构建提供了一个全面而深入的框架，它提醒我们教育不仅是发生在教室里的活动，还是与社会环境、文化背景紧密相联的综合体验。通过不断优化教育场景，我们不仅能够为幼儿创造一个更加生动、有效、富有启发性的学习环境，还能促进教育公平，实现人的全面发展，为建构更加和谐、进步的社会奠定坚实的基础。

二、建构主义理论

建构主义理论是一种学习理论，强调个体在认知和理解世界时是如何建构、建立或形成自己的知识结构和认知模式的，认为人类并非被动地接受外界信息，而是通过自身的经验、思考和交互，主动地建构对世界的理解。皮亚杰（Piaget）作为建构主义理论的先驱，提出了认知发展阶段论，并强调同化与顺应在认知发展中的作用。维果茨基（Vygotsky）提出了文化历史发展理论，强调社会文化历史背景在认知过程中的作用，并提出"最近发展区"的概念。科尔伯格（Kohlberg）、斯滕伯格（Sternberg）、卡茨（Katz）等其他代表人物也对建构主义理论的发展作出了重要贡献。

（一）核心内容

1. 图式的概念

图式是建构主义理论中的一个重要概念，是指个体对世界的知觉、理解和思考的方式，也可以看作是个体心理活动的框架或组织结构。图式是认知结构的起点和核心，是人类认识事物的基础。图式的形成和变化被视为认知发展的实质。

2. 认知发展的三个核心过程

在建构主义理论中，同化、顺应和平衡是认知发展的三个核心过程，它们共同构成个体知识建构的基石。

（1）同化

同化是指个体在接触新信息或感受新刺激时，会尝试将这些新元素整合到已有的认知结构（图式）中，使其成为自身知识体系的一部分。这一过程是自然而然的，个体通过比较、分类、归纳等方式，将新知识与旧知识相联系，从而扩展自己的认知范围。同化不仅增加了个体知识的数量，还促进了知识的组织和整合，为后续的认知活动提供了基础。

（2）顺应

顺应是发生在个体无法直接同化新知识时，需要调整或重组原有的认知结构，以适应新的环境。顺应过程可能涉及认知结构的重大改变，包括概念的重新定义、思维方式的转变等。它使个体灵活应对环境的变化，是认知发展的重要动力，也是创新思维和问题解决能力的源泉。

（3）平衡

平衡是指个体在同化与顺应之间寻求的稳定状态，确保认知发展的连续性和稳定性。平衡状态是通过个体的自我调节机制实现的，当同化或顺应过程导致认知失衡时，个体会采取措施恢复平衡。平衡是认知发展的核心原则，保证了知识建构的连贯性和有效性，促进了个体认知的全面发展。

3. 学习环境的四大要素

建构主义理论强调学习环境对学习者知识建构的重要性，并提出了学习环境的四大要素：情境、协作、会话和意义建构。

（1）情境

学习环境中的情境必须有利于学习者对所学内容的意义建构。情境作为学习环境的基石，要与学习内容紧密相联，能够激发学习者的学习兴趣和探索欲望。教师可以通过创设真实或模拟的情境，如实地考察、角色扮演、模拟实验等，让学习者身临其境地感受知识的应用和价值，从而增强学习的动机和效果。这种情境化的学习方式，不仅使学习者更直观地理解知识，还能培养他们的实践能力和问题解决能力。

（2）协作

协作强调学习者之间的合作与交流。在小组合作学习、讨论会等活动中，学习者可以共同解决问题、分享经验，通过相互帮助和启发，促进知识的深度建构。协作学习不仅能够提高学习者的学习效率，还能培养他们的团队协作、沟通和批判性思维能力。

（3）会话

作为协作过程中的重要环节，会话是学习者表达想法、交流观点的关键途径。教

13

师可以通过提问、引导讨论等方式，鼓励学习者积极参与会话，帮助他们厘清思路、深化理解。在会话中，学习者可以相互质疑、辩论，从而不断修正和完善自己的认知结构。

（4）意义建构

意义建构是整个学习过程中的最终目标，要求学习者对所学内容达到深刻理解的程度，并形成自己独特的认知结构。教师可以通过设计具有挑战性的任务并提供反馈和进行评价等方式，引导学习者进行深度思考和自我反思。在这个过程中，学习者需要主动加工信息，整合知识，将新知识与旧知识相联系，从而建构自己的知识体系。

（二）在教育领域中的应用

建构主义理论为我们理解学习提供了新的视角和框架，也为教育实践提供了重要的理论指导。它强调学习者的主体地位和主动性，提倡在教师指导下的、以学习者为中心的学习模式。在学前教育中，教师可以根据建构主义理论，创设丰富多样的学习环境，鼓励幼儿通过主动探索和互动来建构自己的知识体系。例如，教师可以设计具有挑战性和趣味性的任务，引导幼儿在解决问题的过程中发展认知能力。同时，教师还应关注幼儿之间的合作与交流，通过小组讨论、角色扮演等活动，促进幼儿的社会性发展和语言能力的提升。

三、儿童中心理论

作为一种现代教育理念，儿童中心理论可以溯源至18世纪法国启蒙思想家、哲学家、教育学家卢梭（Rousseau），而在卢梭等前人思想的基础上明确提出这一理论并予以发展完善的是美国哲学家、心理学家、教育学家杜威（Dewey）。这一理论主张教育应以儿童自然发展的需求及活动为中心，强调儿童在教育过程中的主体地位和主动性。儿童中心理论的核心在于尊重儿童的本能、兴趣和需求，认为教育应顺应儿童的自然生长规律，促进其全面发展。

（一）核心内容

1. 儿童是教育的起点和中心

杜威提出，儿童是教育的起点和中心。他强调，教育应以儿童的发展、成长为理想所在，教育措施应围绕儿童来实施。这一观点彻底颠覆了传统教育中以教师、教科书为中心的模式，将儿童的主体地位提到了前所未有的高度。

2. 强调儿童在教育过程中的主动性

儿童中心理论强调儿童在教育过程中的主动性，认为儿童应通过主动探索、发现和实践来学习。杜威提出的"从做中学"原则，就是鼓励儿童通过实际操作和体验来学习知识，发展能力。

3. 教育应顺应儿童的自然生长规律

卢梭认为，儿童的发展是一种自然过程，教育应顺应这种自然发展，而不是人为地干预和压抑。杜威也强调，教育应促进儿童本能的生长过程，包括习惯、情绪、冲动、智慧等天生心理机能的不断发展和生长。

4. 教育应尊重儿童的兴趣和需求

儿童中心理论主张教育应尊重儿童的兴趣和需求，以儿童的兴趣和需求为出发点设计课程和活动。杜威认为，教师应了解儿童的兴趣和需求，以及以什么样的活动可以使之得到有益的表现，并据此提供必要的刺激和材料。

5. 教育应关注儿童的全面发展

儿童中心理论不仅关注儿童的认知发展，还关注其情感、社会性、身体等方面的发展，认为教育应促进儿童在德、智、体、美等方面的全面发展。

（二）在教育领域中的应用

儿童中心理论对学前教育产生了深远的影响，为学前教育实践提供了重要的指导思想。结合儿童中心理论，我们可以从以下几个方面改进教育实践。

1. 尊重幼儿的人格和权利

在学前教育中，教师应尊重幼儿的人格和权利，将幼儿视为独立的个体，给他们充分的尊重和信任。这意味着教师应避免使用权威和强制手段来管理幼儿，而要通过引导和激励来激发他们的学习兴趣和主动性。例如，在幼儿园的日常活动中，教师应鼓励幼儿表达自己的观点和想法，给他们充分的发言权和选择权。

2. 关注幼儿的个体差异

儿童中心理论强调应关注儿童的个体差异，认为每个儿童都有其独特的发展节奏和特点。因此，在学前教育中，教师应注重观察每个幼儿的发展水平和节奏，并根据其个体差异来设计课程和活动。例如，对不同发展水平的幼儿，教师可以提供不同难度、类型的玩具和材料，以满足他们的不同需求。

3. 创设富有情境性的学习环境

儿童中心理论主张教育应创设富有情境性的学习环境，以激发幼儿的学习兴趣和探索欲望。在学前教育中，教师可以通过创设真实或模拟的情境来引导幼儿学习。例如，在教幼儿认识动物时，教师可以设置一个动物园情境，让幼儿在模拟的动物园中观察、了解不同动物的特点和习性。

4. 强调游戏在学前教育中的重要性

游戏是幼儿学习的重要方式之一，也是儿童中心理论在学前教育中的重要应用之一。

教师应充分利用游戏这一形式来激发幼儿的学习兴趣和主动性。例如，在教幼儿认识数字和形状时，教师可以设计一些有趣的游戏活动，如"数字接龙""形状拼图"等，让幼儿在游戏中学习和掌握相关知识。

5. 鼓励幼儿主动探索和实践

儿童中心理论认为，幼儿应通过主动探索和实践来学习。因此，在学前教育中，教师应鼓励幼儿积极参与各种实践活动，如手工制作、科学实验等，让他们在实践中学习知识，发展能力。同时，教师还应引导幼儿学会观察和思考，培养他们的探究精神和创新能力。

6. 注重家园共育

儿童中心理论还强调家园共育的重要性。在学前教育中，教师应与家长保持密切联系，共同关注幼儿的需求和兴趣，为幼儿提供一致的教育环境和支持。例如，教师可以通过家访、家长会等方式与家长沟通幼儿的发展情况，共同制订教育计划和活动方案。

7. 促进幼儿社会性和情感发展

除了认知发展外，儿童中心理论还关注幼儿的社会性和情感发展。在学前教育中，教师应注重培养幼儿的合作意识、分享精神、社会责任感等社会性品质。同时，教师还应关注幼儿的情感需求，给他们充分的关爱和支持，帮助他们建立积极的自我认知和情绪管理能力。

这些措施将有助于促进幼儿在德、智、体、美等方面的全面发展，为他们未来的学习和生活奠定坚实的基础。

第二节　政　策　背　景

在学前教育领域，国家出台了一系列政策，这些政策一方面为本研究提供了宏观指导和具体操作方法，另一方面也推动了"小主人"课程的创新与优化。在契合教育改革和发展规划的基础上，我们将继续开展"基于教育场景的'小主人'课程实施研究"，最大限度地支持和满足每个幼儿体验、操作和感知的需求，实现"四自"培养目标。

一、国家教育部政策导向

《国家中长期教育改革和发展规划纲要（2010—2020 年）》强调加强公民意识教育，树立社会主义民主法治、自由平等、公平正义理念，培养社会主义合格公民。民主是幼儿成长的基石。幼儿园应提供幼儿自由参与各类活动的环境，鼓励幼儿自主选择、自由表达和独立思考，为他们的自主发展与成长奠定坚实基础。同时，平等作为教育的核心原则，要求幼儿园确保每个幼儿都能享受到均衡的教育资源、个性化的教育支持、科学的评价、平等的师幼关系及公平的教育环境，以实现幼儿全面发展。权利意识是幼儿成长的保障。幼儿园应优先保护幼儿的生存权、参与权和发展权，确保在公共资源、园所制度和课程内容等方面都充分考虑幼儿的利益和需求，这不仅是对幼儿权利的尊重，也是促进其全面发展的必要条件。该政策为本研究提供了宏观方向的指导，提醒我们在课程开发中应注重培养幼儿的民主、平等和权利意识，确保幼儿成为社会主义合格的公民。

《幼儿园教育指导纲要（试行）》进一步细化了学前教育的要求和原则，强调应尊重幼儿的人格和权利，尊重幼儿身心发展的规律和学习特点，保障每个幼儿都有机会充分挖掘自身潜能。这为我们在课程开发中注重个体差异并为幼儿提供多样化学习资源和活动机会提供了依据。"小主人"课程正是秉持"认同差异，挖掘潜能，提供机会，人人都是主角"的课程理念，致力于为每个幼儿提供多样化的学习资源和活动机会，以激发他们的学习兴趣和创造力。在以后的教育实践中，我们也应持续优化"小主人"课程，确保每个幼儿都能在尊重与理解的环境中健康成长，同时不断探索创新教学方法，让教育更加契合每个幼儿的独特需求与发展潜能。

同时，《3—6岁儿童学习与发展指南》指出，应关注幼儿学习与发展的整体性，注重领域间、目标间的相互渗透和整合。在此背景下，"小主人"课程形成了共同性和选择性相结合的课程结构，并积极挖掘园内外资源，以丰富幼儿的学习经验。未来，我们要在政策的引领下，进一步整合多领域支持，让幼儿在参与、感知、操作和体验中全面成长，成为各方面真正的"小主人"。

二、 地方政策响应

《上海市学前教育课程指南（试行稿）》（以下简称《指南》）作为学前教育领域的重要指导性文件，其核心理念"以幼儿为本""整合性""教育个别化"等不仅为学前教育课程的构建与实施指明了方向，更为提升学前教育质量，促进幼儿全面发展提供了坚实的理论基础与实践框架。

（一）"以幼儿为本"： 课程设计的出发点与归宿点

"以幼儿为本"是《指南》首要强调的原则，要求所有课程设计与活动实施均围绕幼儿的实际发展需求展开，确保教育内容与方式真正促进幼儿的身心健康与全面发展。这一理念体现了对幼儿个体差异的尊重与理解，强调教育应适应每个幼儿的独特节奏与潜能，而非机械地遵循统一标准。在实际操作中，这意味着教师需要细致观察幼儿的行为表现，倾听他们的声音，理解他们的兴趣与需求，从而设计出既符合幼儿年龄特点又能激发其内在动力的课程内容。

（二）"整合性"：课程内容与形式的深度融合

《指南》倡导的"整合性"课程理念，是对传统分科教学模式的一种超越。它主张将课程内容有机整合为共同生活、探索世界、表达表现等多个领域，强调不同活动之间的相互渗透与作用。这种整合不仅体现在知识与技能的融合上，还体现在信息技术的巧妙运用和教育资源的有效整合上，如利用数字化工具辅助教学，结合社区资源开展实践活动等，为幼儿提供丰富多样的学习体验，促进其综合素养的提升。整合性课程的实施，要求教师具备跨学科的知识背景与教学设计能力，能够灵活运用多种教学方法，使幼儿在真实或模拟的情境中，通过亲身体验与探索，获得全面而深刻的学习成果。

（三）"教育个别化"：尊重差异与激发潜能

"教育个别化"是《指南》中的另一大亮点，强调课程的选择性与灵活性，赋予幼儿园及教师更多的自主权。这意味着在课程设计与实施过程中，我们应充分考虑本园的文化特色、班级的具体情况及每个幼儿的个体差异与发展需求，实施园本化、班本化教学。这种个性化教育模式不仅丰富了教育内容，促进了教育形式的多样化，还极大地激发了教师的创新潜能，使他们能够根据幼儿的实际需求，设计出更加契合幼儿生活、易于接受且富有挑战性的课程内容。教育个别化有助于培养幼儿独立思考、自主学习的能力，为他们的个性化发展提供广阔的空间和无限可能。

（四）科学评价：精准反馈与持续优化

为了确保课程的有效实施与持续改进，《指南》还给出评价幼儿发展水平的具体方法和指标。这些评价方法不仅关注幼儿的知识掌握情况，还重视其情感、态度、能力等多方面的发展，体现了全面发展的教育理念。通过定期评价与反馈，教师可以及时了解幼儿在各个领域的发展状况，识别幼儿潜在的学习障碍与兴趣点，从而有针对性地调整课程内容与教学策略，确保教育实践与幼儿的发展需求紧密相联。科学的评价机制是课程质量保障的关键环节，有利于"小主人"课程不断完善，向着更高质量的教育目标迈进。

《指南》以其前瞻性的理念、系统性的框架和具有可操作性的策略，为学前教育课程的建构与实施提供全面指导。通过深入贯彻"以幼儿为本""整合性""教育个别化"等核心理念，结合科学评价机制，我们有望建构一个更加符合幼儿身心发展规律、充满生机与活力的学前教育课程体系，为幼儿的健康成长与全面发展奠定坚实的基础。

第三章 "小主人"课程研究创新

《上海市学前教育课程指南（试行稿）》要求加强课程的启蒙性、整合性和开放性，以适应不同发展水平的幼儿的需要。为了响应政策要求，我们一要更新"小主人"课程理念与目标，二要重塑"小主人"课程框架，三要丰富"小主人"课程内容。具体来说，我们对课程理念进行了更为深刻的诠释，并据此更新了课程目标，同时在保留原有共同性课程和选择性课程两大板块的基础上，强调课程从单一走向整合，从预设走向生成，积极挖掘教育场景，并以班本化为基础建构课程，使课程切实符合每个班的实际情况。

第一节 更新课程理念与目标

经过深入研究，我们成功更新了"小主人"课程理念与目标。首先，我们确立了"小主人"课程班本化的核心理念。其次，据此理念，我们对各年龄段幼儿的发展目标进行了全面优化调整。最后，通过实践验证与再次优化，我们确保课程既契合《3—6岁儿童学习与发展指南》及《幼儿园保育教育质量评估指南》的指导精神，又便于教师理解、记忆与内化，最终形成完善的基于教育场景的"小主人"课程理念与目标。

表3-1 "小主人"课程理念与目标

课程理念与目标	原"小主人"课程	现"小主人"课程
课程理念	快乐做主人	成就最好的自己
课程目标	培养健康阳光有自信、好奇探究善动脑、文明乐群勇向上、快乐奋进我能行且具备初步责任感的"小主人"	培养健康阳光有自信、好奇探究善动脑、文明乐群勇向上、自主自立爱劳动、快乐奋进我能行，具备自我主张、自主探究、自行管理、自我激励能力的"四自"小主人

一、课程理念

在《3—6岁儿童学习与发展指南》《上海市学前教育课程指南（试行稿）》《上海市幼儿园办园质量评价指南（试行稿）》的精神指导下，我们深刻理解了"幼儿发展优先"与"以幼儿为本"的教育理念，并在此基础上，对"成就最好的自己"这一课程理念进行了更为丰富和深刻的诠释。

（一）幼儿：自我成长的"小主人"

幼儿是学习与发展的核心主体。我们倡导在教师的精心引导、家长的密切配合和社区资源的有效整合下，为幼儿营造一个促进他们"四自"能力发展的成长环境。在这样的环境中，幼儿能自然地萌发自我成长与自我激励的意识，表达自己的想法和意愿，形成自己的主张。通过日常习惯的养成、任务的承担及小团队的合作，幼儿能逐步具备自我管理的能力，学会对自己的行为负责。面对挑战，他们能勇于尝试，学会自我保护。自主探究成为他们主要的学习方式。无论是科学小实验、艺术创作还是社会交往，幼儿都能在探索中体验成功的喜悦，培养解决问题的能力。

（二）保教人员：专业成长的"大主人"

作为幼儿成长的引路人与伙伴，保教人员的教育理念和专业素养对课程效果的达成与幼儿的发展至关重要。在"小主人"课程建构与实施中，保教人员要不断精进，秉持"会学习、有担当、勇实践、善反思、乐悦纳"的态度，持续学习教育理论，勇担教育重任，敢于实践创新，善于活动反思，以开放的心态接纳每个幼儿的独特性。这一过程不仅有助于促进幼儿的全面发展，还有助于提升保教人员的专业能力，使他们成为幼儿心中值得信赖的"大主人"，与幼儿共同成长，携手前行。

（三）幼儿园：课程优化的实践基地

作为"小主人"课程实践基地，幼儿园始终致力于课程建构与优化，旨在丰富内容，灵活实施，科学评价，聚焦幼儿个体成长，重视教师专业发展，通过定期培训、研讨交流，打造高素质、创新的保教团队，提升办园品质，助力幼儿、教师可持续发展。同时，幼儿园与家长、社区紧密合作，形成教育合力，共创幼儿健康成长的良好环境，推动幼儿全面发展。

（四）"成就"与"最好"的深层含义

在"成就最好的自己"的课程理念中，"成就"强调幼儿在内外因素协同支持下的成长。相较于最终结果，我们更重视幼儿每次尝试、努力与变化的过程。跌倒后站起，掌握新技能，勇敢表达，都是成长的足迹。"最好"寓意希望与可能，指幼儿在原有基础上不断进步与超越，不仅在技能上有提升，更在习惯、态度、自信上全面发展。幼儿勇于尝试新事物，挑战自我，探索未知，学会更多的技能，养成更好的习惯，增强自信心，从而在成长路上持续成就最好的自己，实现自我超越与全面发展。

二、课程目标

《3—6岁儿童学习与发展指南》《上海市学前教育课程指南（试行稿）》《上海市幼儿园办园质量评价指南（试行稿）》均强调要培养健康活泼、好奇探究、文明乐群、亲近自然、爱护环境、勇敢自信且初步具备责任感的儿童。以此为依据，我们更新了幼儿园的

"小主人"课程目标，旨在促进幼儿全面且富有个性发展。

"小主人"课程总目标：培养健康阳光有自信、好奇探究善动脑、文明乐群勇向上、自主自立爱劳动、快乐奋进我能行，具备自我主张、自主探究、自行管理、自我激励能力的"四自"小主人。以下是对"四自"的详细阐述。

自我主张：引导幼儿用自己独特且多元的方式自信地表达自我，勇于展现自己的想象力与创造力，培养独立思考和自我选择的能力。

自主探究：激发幼儿的好奇心和探索欲，引导他们主动发现问题，尝试解决问题，从而在学习和创造的过程中获得乐趣和成就感。

自行管理：培养幼儿自理生活、自我调节、服务他人和自我保护的能力，让他们学会对生活和学习负责。

自我激励：引导幼儿在面对挑战和困难时勇敢尝试，不畏艰难，通过自我激励不断超越自我，实现个人价值的最大化。

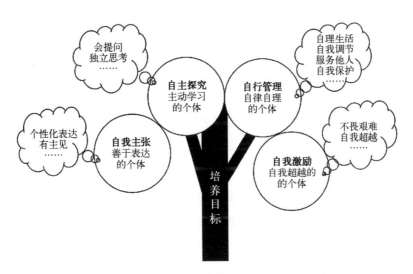

图3-1 "四自"能力培养目标

第二节 重构课程结构

秉承"一日生活皆课程"的理念，我们对"小主人"课程结构进行了全面重构，高度重视幼儿社会性发展的需求，将一日生活有机融入共同性课程与选择性课程中，实现课程与生活的无缝对接。同时，通过灵活调整生活、运动、游戏、学习四类活动的时间安排与界限，我们为幼儿创造了更多主动学习的机会。创新的课程结构不仅丰富了幼儿的体验，还极大地提升了教育的整体效果，让幼儿在轻松愉悦的氛围中茁壮成长，为未来的学习与生活打下基础。

一、 重构课程结构的依据

在重构课程结构的过程中，我们以课程目标为导向，以创新实践为驱动，以深度体验为核心，确保教育过程不断优化，精准对接幼儿的发展需求。

（一）以课程目标为导向

在重构课程结构的过程中，我们坚定不移地以"小主人"课程目标为引领。例如，我们对游戏活动进行了大胆创新，大幅增加了自主性游戏的比重。幼儿可以从角色游戏、建构游戏、沙水游戏、表演游戏等多种形式的游戏中自由选择、自主探究，充分释放天性，激发潜能。这些游戏不仅锻炼了幼儿的想象力和创造力，还在无形中培养了他们的团队合作能力和解决问题的能力。再如，我们始终坚持"以幼儿为本"的理念，充分考虑幼儿的兴趣与需求，将生活、运动、游戏、学习四类活动进行有机融合，每日渗透，促进幼儿身心和谐发展。同时，为了丰富幼儿的课程体验，我们在选择性课程中精心设置了"小主人"体验项目，涵盖科学探索、艺术创作、社会实践等多个领域，让幼儿在亲身体验中拓宽视野，增长见识。

此外，我们还特别设立了每学年至少两次的年级组体验日，以及定期举办"小主人"体验节活动。在这些特殊的日子里，幼儿可以跨越班级界限，参与更广泛、更深层次的体验活动，感受不同文化的魅力，增强对社会的认知与理解。通过这些丰富多彩的课程，我们可以为幼儿打造一个充满挑战与机遇的成长环境，让他们在快乐中奋进，在体验中成长，一步步迈向未来的美好生活。

（二）以创新实践为驱动

在重构课程结构的过程中，我们积极鼓励教师成为教育的创新者和实践者，勇于打破传统框架，不断探索符合新时代学前教育需求的新路径。教师不仅要深刻理解并遵循幼儿的年龄发展特点，还要具备敏锐的观察力和洞察力，随时挖掘日常生活中的教育场景，捕捉幼儿的兴趣、提出的问题及他们的真实需求。

幼儿的学习是动态的、情境化的，他们的好奇心和探索欲是推动其成长的重要动力。因此，我们鼓励教师在原有课程的基础上，不拘泥于固定的教学计划，而是根据幼儿的实际反应和学习进度进行灵活调整。这种调整可能涉及活动内容的增减、教学方法的变换甚至是课程目标的微调，以确保课程始终与幼儿的发展需求保持同步。

为了丰富幼儿的学习经历与体验，我们还倡导教师积极引入多元化的教学资源和方法。这包括但不限于利用数字化工具进行互动教学；组织户外探究活动，让幼儿亲近自然；开展角色扮演游戏，促进幼儿社会交往能力的发展；等等。通过这些多样化的学习方式，幼儿不仅拓宽了知识面，还能在情感态度与价值观等方面得到全面发展。

此外，我们鼓励教师之间建立紧密的合作关系，通过定期的教学研讨和经验分享，

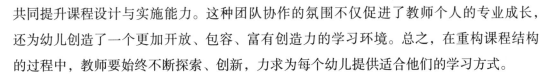

共同提升课程设计与实施能力。这种团队协作的氛围不仅促进了教师个人的专业成长，还为幼儿创造了一个更加开放、包容、富有创造力的学习环境。总之，在重构课程结构的过程中，教师要始终不断探索、创新，力求为每个幼儿提供适合他们的学习方式。

（三）以深度体验为核心

深度体验的教育模式强调幼儿必须置身于真实的教育场景中，与活生生的人、具体的事和多样的物进行直接互动。这种教育模式告诉我们，幼儿的学习并非仅仅通过听讲或观察就能实现，而是需要他们通过亲身参与、动手操作来深化理解。因此，在重构课程结构的过程中，我们注重为幼儿提供丰富多样的体验机会，让他们在教育场景中经历发现、探索、感知、解决问题等一系列过程，同时体验成长的快乐。

为了达到这一效果，我们精心建构了与课程紧密相关的真实场景。这些场景可能是在幼儿园的自然角观察植物生长，可能是在社区中参与环保活动，也可能是在模拟的商店里进行角色扮演。在这些场景中，幼儿不再是被动接受知识的容器，而是成为主动探索世界的探险家。他们用眼睛去观察，用双手去触摸，用心灵去感受，从而获得了对世界的深刻理解和独特体验。

在课程班本化实施过程中，我们也鼓励教师根据幼儿的兴趣和需求，灵活调整活动内容。这样，每个幼儿都能在适合自己的节奏和方式下，经历一段不一样的成长经历。他们可能会因一次成功的实验而欢呼雀跃，也可能会因一次失败的尝试而黯然神伤。无论结果如何，这些经历都将成为他们宝贵的财富，为他们的未来发展奠定坚实的基础。

通过深度体验的教育模式，我们期望能够激发幼儿的好奇心、探索欲和创造力，培养他们成为具有独立思考和解决问题能力的新时代幼儿。同时，我们也希望这种教育模式能够为幼儿的全面发展注入新的活力，让他们在快乐中成长，在成长中体验成功的喜悦。

二、 重构课程结构的过程

课程结构经过精心调整，不仅强调幼儿的自主性发展与探索精神，还深度整合了课程内容，注重其生成性、整合性与灵活性。在此基础上，我们对课程时间也进行了科学规划，为幼儿打造轻松愉快的学习和生活氛围，让他们自然而然地获得知识与技能，实现全面发展与个性化成长。

（一）"小主人"课程的迭代

《上海市学前教育课程指南（试行稿）》强调，应根据幼儿的生活经验与实际需求，精心选择、开发并组织课程内容，以促进幼儿全面发展。在此基础上，我们对"小主人"课程进行了深度革新与拓展（"小主人"课程 1.0 版见图 3-2），特别是在教育场景的应用上，融入更多生成性与整合性元素。在共同性课程中，首先，我们保留了生活、运动、

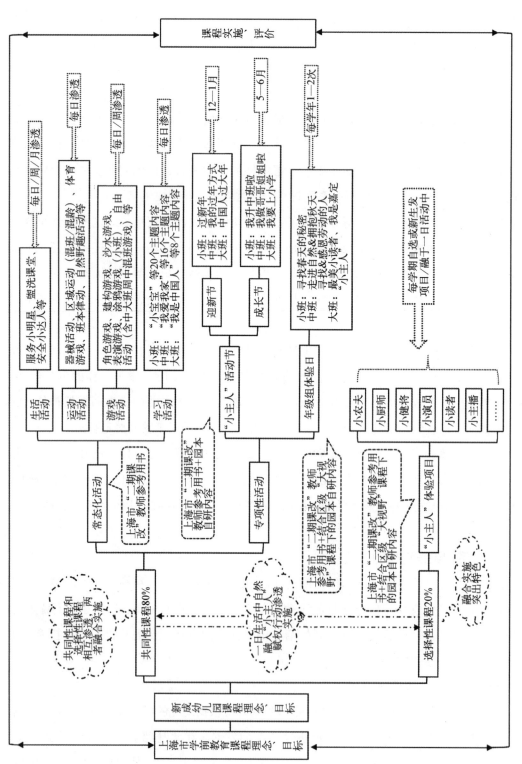

图 3 - 2 "小主人"课程 1.0 版

游戏、学习四类活动,并把原本在共同性课程中的年级组体验日活动和"小主人"体验节活动放入选择性课程部分。其次,我们对生活、运动、游戏、学习四类活动进行了优化。针对游戏活动,我们创新性地将原有的角色游戏、建构游戏、沙水游戏、表演游戏等拓展为户外自主性游戏,幼儿除了可以玩原有的游戏活动外,还可以有更多的选择,有利于更好地发挥幼儿的自主性,培养他们的探究能力和创新思维。针对学习活动,我们创新性地划分了预设性主题活动、生成性主题活动、非主题活动三个板块,既围绕幼儿的兴趣系统传授知识与技能,又鼓励幼儿根据即时兴趣自发生成新内容,从而激发他们的学习热情和创造力。

在选择性课程中,我们对"小主人"体验项目进行了全面升级。在原有的小农夫、小厨师等职业体验的基础上,新增了小木匠、小画家、小科学家等多样化选项,让幼儿更广泛地探索不同职业的特点。同时,我们把年级组体验日更改为"小主人"体验日,即从原先的幼儿只能以年级组为单位外出体验优化为他们既可以以年级组为单位也可以以班级为单位外出体验。这样的课程更具灵活性,也更契合班级和幼儿的实际需求(见图3-3)。

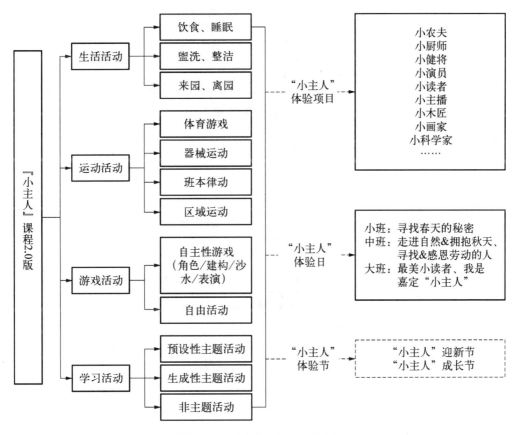

图3-3 "小主人"课程2.0版

相较于原来的课程结构,调整后的课程结构更突出生成性与整合性。生成性强调根据幼儿的兴趣和需求及时调整课程内容,鼓励幼儿在活动中自发生成新内容;整合性强调课程间的相互融合与渗透。这样的课程结构既满足幼儿全面发展的需求，又体现教育的灵活性与创新性，为幼儿将来的发展筑牢了根基。

（二）"小主人"课程的时间分配

除了对"小主人"课程结构进行调整外，我们还对其时间分配进行了科学合理的优化。《幼儿园教育指导纲要（试行）》强调幼儿园教育内容的全面性。《中共中央关于进一步全面深化改革　推进中国式现代化的决定》提出健全学前教育保障机制，即确保所有儿童都能接受高质量的学前教育，从而间接促进教育公平。共同性课程面向的是全体幼儿，且涵盖了幼儿全面发展所需的基础知识与技能，因此它是教育公平和幼儿全面发展的重要保障。基于此，我们对共同性课程和选择性课程的比重进行了调整：共同性课程的比重由原先的80%调整为85%，选择性课程的比重由原先的20%调整为15%。增加了共同性课程的比重，更有利于教育公平，也能帮助幼儿在认知、情感、社会性等方面得到均衡发展。同时，减少选择性课程的比重并未削弱其重要性，而是通过更高效、更聚焦的方式，为幼儿提供个性化发展空间，让他们在兴趣与特长上得到充分的探索与培养，确保每个幼儿都能绽放属于自己的独特光彩。

同时，我们还对选择性课程具体环节的时间分配做了调整，将年级组体验日由原本每学年1—2次提升至每学年至少2次。这一改变意味着幼儿将拥有更多宝贵的机会丰富体验，开阔视野，培养社会交往能力和团队协作精神。

表3-2　"小主人"课程2.0版的时间分配

	课程类型	实施途径	主 要 内 容	频 率	比重
"小主人"课程	共同性课程	生活活动	饮食、睡眠、盥洗、整洁、来园、离园	每日渗透	85%
		运动活动	体育运动、器械运动、班本律动、区域运动	每日渗透	
		游戏活动	角色游戏、建构游戏、沙水游戏、表演游戏	每日渗透	
		学习活动	预设性主题活动、生成性主题活动、非主题活动	每日渗透	
	选择性课程	"小主人"体验项目	小农夫、小厨师、小健将、小演员、小读者、小主播、小木匠、小画家、小科学家……	每学期自选，融于一日生活中	15%
		"小主人"体验日	小班：寻找春天的秘密 中班：走进自然＆拥抱秋天、寻找＆感恩劳动的人 大班：最美小读者、我是嘉定"小主人"	每学年至少2次	
		"小主人"体验节	"小主人"迎新节	12—1月	
			"小主人"成长节	5—6月	

第三节 丰富课程内容

《上海市学前教育与托育服务发展"十四五"规划》提出，建设"幼儿发展优先"的保教体系：一是坚持"一日生活皆课程"的理念，柔活一日生活四类活动的时间与边界，支持幼儿主动学习，注重幼儿社会性发展；二是整体性实施园内外实践体验活动，丰富幼儿成长经历；三是注重中华优秀传统文化铸魂育人功能，弘扬中华传统美德；四是充分开发和利用户外场地，提供适宜幼儿运动的器械与材料，支持幼儿主动探索与觉知身体运动，增强幼儿体质。

新成幼儿园虽然有着一园两址的优势，但由于地处老小区内，可使用的室内外空间资源受到限制。基于"一日生活皆课程"的理念和"户外2小时"的要求，我们努力开发与利用幼儿园有限的资源，升级课程内容，为幼儿提供丰富的课程资源。

课程研究小组历经多轮深入研讨、亲身实践、问题剖析及实验验证，不断对"小主人"课程内容进行升级，最终成功地将课程从1.0版迭代至更加契合幼儿身心发展规律的2.0版，实现了课程内容质的飞跃。

一、凸显班本化

课程1.0版已初步展现了班本化的教学特色。例如，在运动活动中，我们特别为大班幼儿设计了班本律动，激励每个班级师幼携手共创独一无二的律动，充分展现各班级的独特魅力。在学习活动中，我们全面推行了主题活动的班本化教学，无论小班、中班还是大班，都确保学习内容与幼儿的实际生活和兴趣紧密相联。在升级后的课程2.0版中，我们进一步强化了班本化的理念。特别是在生活活动中，我们更加注重以班级为单元，深入实施自理小能手、管理小能手、安全小卫士等"小主人"赋权计划。通过一系列活动，我们旨在培养幼儿具备自我服务、热爱劳动、礼貌待人、讲究卫生、遵守规则、珍爱身体、规避危险、了解交通安全、保持良好心态、关心他人、学会交友等基本生活技能和素养，从而全面提升幼儿的综合素质。

二、更注重自主性

课程1.0版已经初步体现了幼儿在活动中的自主性，让幼儿扮演"小主人"的角色。例如，在运动活动中，我们赋予中班、大班幼儿自主选择权，让他们根据自己的喜好来布置运动场地和选择使用的器材；在游戏活动中，我们提供了多样化低结构材料，激励幼儿根据自己的兴趣和想象力去自主选择，从而在玩乐中实现探索和成长。在升级后的课程2.0版中，我们进一步深化了"赋权"理念。例如，在游戏活动中，幼儿自己制订游戏规则，跨班级自主组合，自由选择游戏场所，等等。在选择性课程中，"小主人"体验节活动多角度展现幼儿的风采，强调幼儿亲身体验，自我激励。"小主人"体验项目突出幼儿的自主性，如原来的"小读者"项目突出自主阅读，"小健将"项目突出自主建构运动活动，发展多元能力。新增的"小木匠""小画家""小科学家"项目也注重幼儿自主实践。在"小木匠"项目中，幼儿以常见的各种生活类工具和材料为载体，进行自主制订、自我建构、想象创造，发展空间思维能力、创意制作能力和合作协商能力。在"小画家"项目中，我们基于幼儿对绘画的天性，创设相应的环境，引导幼儿用多种方式进行艺术创造，关注色彩、形态等特征，增强幼儿自主表现能力和艺术创造能力。在"小科学家"项目中，我们为幼儿提供自主选择、操作的场地，从幼儿的兴趣出发，通过借助集体探究、合作、主动学习等多种教学方法，培养幼儿自主探究能力。

三、 更关注幼儿发展规律

在课程2.0版中，我们更关注幼儿发展规律。例如，在学习活动中，我们保留了原有的高结构集体教学活动与低结构个别化学习活动，在此基础上对学习内容进行了迭代，更加强调师幼共建课堂的重要性，鼓励幼儿在主动建构经验的过程中，根据自己的发展规律，去发现那些隐藏在日常生活中的问题，深入思考其背后的原因，并勇于尝试用各种方法去解决问题。这一调整旨在确保教育教学能够全方位、深层次地关注每个幼儿的年龄特征、独特兴趣及当前的经验水平。又如，"小主人"体验节活动作为选择性课程的重要组成部分，也深度契合幼儿不同年龄段的发展规律，巧妙融合小班的升班仪式、中班的成长典礼及大班的毕业感恩季，为各年龄段幼儿搭建了一个展示自我成长的舞台，让他们在体验中成长，在成长中收获喜悦。再如，"小主人"体验项目根据幼儿不同年龄段的需求，不仅提供了丰富的阅读设备和材料，还设计了多样化的阅读板块，如"指偶表演""阅读发现"等，以契合幼儿在不同年龄段的阅读兴趣，让他们能根据自己的发展规律去探索世界。

四、 更体现本土性

在课程2.0版中，"小主人"体验日深度挖掘并巧妙融合了嘉定本土的丰富资源，希望为幼儿打造一系列契合生活、寓教于乐的社会实践活动，确保每个幼儿都能在亲身体验和感知操作中收获成长。小班幼儿通过"寻找春天的秘密"体验活动，在嘉定本土的大自然中探寻生命的奥秘，感受春天的气息；中班幼儿在"走进自然和拥抱秋天"的体验活动中，亲身体验嘉定本土的自然风光，领略秋天的韵味，每次探究都让他们对生命有更深理解；大班幼儿更是以"最美小读者"的身份分享对本土文化的热爱，同时在

"我是嘉定'小主人'"的活动中,通过参观嘉定名胜古迹等,增强对家乡的热爱之情与责任感。这一系列活动不仅让幼儿的经历更加丰富多彩,更让他们在实践中体会到了成长的快乐,为他们的人生画卷添上了浓墨重彩的一笔。

五、 更强调灵活性

在课程1.0版中,我们已成功将选择性课程渗透于低结构活动中,通过计划与决策—探究与体验—分享与总结的实施路径,为幼儿打造了"小农夫""小厨师""小健将""小演员""小读者""小主播"等一系列丰富多彩的体验项目。在课程2.0版中,我们在保持原有实施路径的基础上,更加注重活动的灵活性与个性化,鼓励教师根据幼儿的兴趣和问题动态调整课程内容。这意味着每个体验活动都更加贴近幼儿的实际需求,更加符合他们的成长节奏。无论是深入探究某个领域,还是尝试新的体验方式,幼儿都能在"小主人"课程的引领下,自由挥洒创意,勇敢追寻梦想,享受成长的快乐。

表3-3 "小主人"体验项目实施路径

项 目	实 施 路 径
小农夫	**计划与决策**(确定种什么)—**探究与体验**(种植、照料蔬菜)—**分享与总结**(收获的喜悦、种植的发现)
小厨师	**计划与决策**(商议食谱)—**探究与体验**(制作美食)—**分享与总结**(分享美食)
小健将	**计划与决策**(商议玩法、规则)—**探究与体验**(器材多种组合)—**分享与总结**(运动达人秀)
小演员	**计划与决策**(商议节目)—**探究与体验**(自主排练)—**分享与总结**(我行我秀)
小读者	**计划与决策**(好书推荐)—**探究与体验**(好书探秘)—**分享与总结**(好书分享)
小主播	**计划与决策**(收集采访、编辑和播报的新闻主题)—**探究与体验**(新闻采访、编辑和播报)—**分享与总结**(采访、编辑和播报经验及教训)

中篇

课程深耕
——基于教育场景的"小主人"课程研究实践

在本篇中，我们清晰界定了基于教育场景的"小主人"课程实施途径与原则，精心打造了三类教育场景，并设计了丰富多彩的课程内容，旨在全方位激发幼儿的学习兴趣与潜能。 为确保课程高效落地，我们还总结了一系列实施策略，建立了弹性机制、全员联动机制、共享机制、激励机制四个保障机制，以灵活应对实践中的各种挑战，助力幼儿在快乐中成长，在探索中前行。

第四章 "小主人"课程实施途径与原则

本章围绕"小主人"课程实施途径与原则展开,重点阐述了一日生活、家园共育、社会实践等三大实施途径,以及"双主体"原则、场景拓展原则、动态调整原则等三大原则。通过对实施途径与原则的深入剖析,我们旨在揭示如何在多样化教育场景中充分尊重幼儿的主体地位,促进其全面发展。

第一节 实 施 途 径

当前,我们主要通过一日生活、家园共育、社会实践等三大实施途径,致力于构建家、园、社区协同的支持体系,确保幼儿拥有充裕的时间与广阔的空间去探索世界、亲身体验、发现新知,旨在培养自我主张、自主探究、自行管理、自我激励的"小主人"。

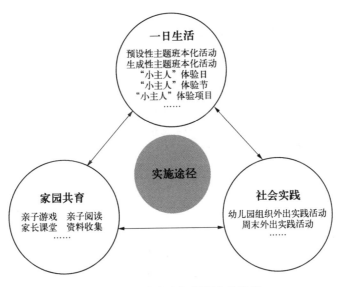

图 4-1 "小主人"课程实施途径

一、 实施途径 1: 一日生活

中国著名教育家陶行知先生提出"生活即教育"的理念,强调课程应源于生活,生活本身就是最好的教育资源和实践场所。这一理念倡导教育与幼儿的日常生活紧密相联,让教育在生活的点滴中自然发生,达到教育与生活完全融合的境界。

依据此理念,一日生活成为"小主人"课程的实施途径。一日生活形式多样,包括共同性课程中的生活、运动、游戏、学习四类活动和选择性课程中的"小主人"体验项目、"小主人"体验日活动、"小主人"体验节活动。在这些活动中，教师可根据班级的实际情况与幼儿的兴趣，自主选择、灵活调整并整合教育资源，创设独具特色的教育场景，使活动更加契合幼儿的生活，更具班本化特色。

以大班为例，基于上海市"二期课改"教师参考用书《学习活动（5—6岁）》的预设性主题活动"有用的植物"和"春夏和秋冬"，我们做了班本化调整，形成了预设性主题班本化活动"好美好美的大自然"。

表4-1 预设性主题活动与预设性主题班本化活动对比

预设性主题活动"有用的植物""春夏和秋冬"		
活 动 目 标	活 动 内 容	
街心花园： 关心周围的花草树木，感受我们的生活离不开植物 四季轮换： 比较四季的明显不同，初步了解四季轮换的顺序；感受季节的渐变以及它对人们生活的影响 四季的树和花： 了解四季中常见的花草树木和它们的变化；乐于参加照顾花草树木的活动，体会爱护它们的意义	街心花园： 1. 美丽的街心花园 2. 树林里 3. 常绿树和落叶树 4. 小小护绿员 四季的树和花： 1. 花园里有棵梧桐树 2. 一棵小桃树 3. 我家门前的苹果树 4. 到花市去 5. 花儿花儿几时开 6. 四季花开	四季轮换： 1. 小熊登月 2. 春夏秋冬大转盘 3. 四季拼图 4. 四季轮换盘 5. 四季数学 6. 错在哪里 7. 魔法奶奶的电话
预设性主题班本化活动"好美好美的大自然"		
活 动 目 标	活 动 内 容	活 动 途 径
运用多种形式的个性化表达，表现自己对自然美的理解与感受、想象与创造，感受季节更替中大自然的不断变化及带来的美感	叶之美　1. 寻找秋叶	亲子搜罗 午休散步
	2. 走进树林	个别化学习活动
	3. 常绿树和落叶树	科学领域集体活动
	4. 落叶跳舞	艺术领域集体活动
	5. 树叶游戏玩一玩	游戏（表演游戏、建构游戏、沙水游戏、角色游戏）
	蔬果之美　1. 自然扎染	个别化学习活动
	2. 逛逛菜场和水果店	周末亲子外出实践

活　动　目　标	活　动　内　容		活　动　途　径
	蔬果之美	3. 植物写生画	个别化学习活动
		4. 有气味的蔬果	科学领域集体活动
	花之美	1. 花儿花儿几时开	个别化学习活动
		2. 梵高的《向日葵》	艺术领域集体活动
		3. 四季里的花朵	个别化学习活动

经过班本化处理后，"好美好美的大自然"活动更具有整合性，如幼儿不仅可以参加科学领域集体活动、艺术领域集体活动、个别化学习活动，还可以自主开展丰富多彩的游戏活动。此外，我们也整合了园内与园外的资源，幼儿不但可以参观园内小花园，也可以和家长一起探究园外菜场和水果店。通过一日生活实施途径，我们为幼儿的自主性发展打造了充满生活气息和教育意义的班本化教育场景。另外，主题班本化活动更具有灵活性，不再严格按照教师参考用书中主题活动的顺序来开展，而是根据幼儿的实际兴趣和活动的开展情况进行灵活调整。例如，我们将"有用的植物"与"春夏和秋冬"两个主题活动巧妙地融入"好美好美的大自然"主题班本化活动中，探究植物与探究四季同步进行，引导幼儿在探究与感知中领略树叶、蔬果和花的独特魅力。

通过一系列主题班本化活动，幼儿对周围环境的变化更加敏感，学会了运用多种感官去感知大自然的美，拥有了一双发现美的眼睛，提升了自我主张、自主探究、自行管理、自我激励"四自"能力，逐渐成长为有主见、有能力、有探索精神的"小主人"。

二、 实施途径2：家园共育

家园共育作为"小主人"课程的实施途径，其核心在于深度挖掘并有效整合家长资源，建构一个幼儿园与家庭紧密相联的教育生态。亲子游戏、亲子阅读、家长课堂等不仅丰富了教育的形式与内容，更促进了家园之间的深度沟通与合作，为幼儿提供了更为广阔的学习与成长空间。以大班"身边的AI"活动为例，这一活动的灵感源于班级中一次偶然的对话。当一个幼儿兴奋地分享"我们家里有一个天猫精灵，可以放歌给我听"时，这一话题迅速在班级中引发了连锁反应，大家纷纷展示自己的智能小家电知识，从"我家有小度"到"我家有小爱"，再到"我家有扫地机器人"，智能生活的画卷在幼儿眼前徐徐展开。

教师敏锐地捕捉到了这一教育契机，迅速调整教学计划，围绕"身边的AI"活动展

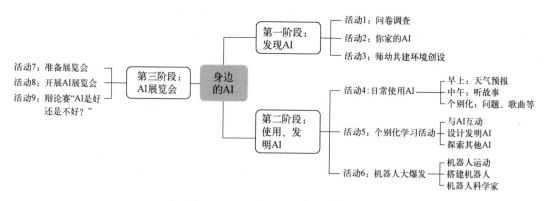

图4-2　"身边的AI"活动思维导图

开了一系列探究活动。在这一过程中，家长不仅是旁观者，还是活动的积极参与者和推动者。我们赋予家长三项重要权利，即了解班级课程的知情权、参与班级课程的主动权和获取育儿经验的成长权。

为了确保家长能全面了解班级课程的变化，教师通过家长会、微信群等多种渠道，及时分享活动进展、教育目标及预期成果，让家长成为课程实施的知情者与支持者。同时，我们邀请家长积极参与活动，从前期的问卷调查了解幼儿对AI的认知基础到中期寻找身边AI的实践，再到后期的成果展示与分享，家长的参与让活动更加生动有趣，也极大地丰富了幼儿的学习体验。更重要的是，在陪伴幼儿成长的过程中，家长也逐渐掌握了更多的科学育儿方法，如学会了引导幼儿观察生活、思考问题。这种家园共育的模式不仅促进了幼儿全面发展，也提升了家长的教育素养，真正实现了家园共赢的教育目标。

总之，"身边的AI"活动通过充分发挥家长资源，一方面凸显了班级特色，另一方面实现了家园共育的深度融合。在这一过程中，幼儿不仅收获了知识，更在探索、体验与发现中感受到科技的魅力与生活的美好，培养了创新思维与解决问题的能力。

三、实施途径3：社会实践

社会实践是"小主人"课程的实施途径之一，幼儿园利用周边丰富的社区资源来拓宽幼儿的视野。

表4-2　"小主人"体验项目社会实践资源推荐

"小主人"体验项目	社会实践资源
小农夫	嘉定区葡园惠和农种基地、嘉定区百果园、嘉定区沥江农家园、嘉定区嘉北郊野公园
小厨师	嘉定区新迎园餐饮发展（集团）有限公司、嘉定区元祖集团

"小主人"体验项目	社会实践资源
小读者	嘉定区图书馆、嘉定区我嘉书房
小主播	嘉定区电视台、嘉定区保利大剧院
小木匠	嘉定区木知木觉木工坊、嘉定区徐行草编
小画家	嘉定区韩天衡美术馆、嘉定区陆俨少艺术院

表4-3 各年龄段主题及社会实践资源推荐

年龄段	主 题	社会实践资源
小班	主题:我们的城市	嘉定区图书馆 嘉定区韩天衡美术馆 嘉定区陆俨少艺术院 嘉定区州桥老街 嘉定区法华塔 嘉定区竹刻博物馆 嘉定区汽车博物馆 嘉定区F1赛车厂 嘉定区博物馆 嘉定区东方书报亭
	主题:苹果和橘子	嘉定区百果园
	主题:小花园	嘉定区紫藤园 嘉定区新成公园
	主题:理发师	嘉定区理发店
	主题:动物花花衣、学本领	嘉定区动物园
中班	主题:在秋天里、在农场里	嘉定区沥江农家园
	主题:周围的人	嘉定区消防科普教育体验馆 嘉定区邮电局 嘉定区超市
	主题:有用的工具	嘉定区老街修理铺
	主题:好吃的食物	嘉定区菜场
	主题:我在马路边	嘉定区交通警察支队
大班	主题:春夏秋冬	嘉定区少年儿童浏河营地 嘉定区社区街心花园 嘉定区新成公园 嘉定区气象局

续　表

年龄段	主　题	社会实践资源
大班	主题：有用的植物	嘉定区州桥中药房 嘉定区迎园医院 嘉定区百草园
	主题：我要上小学	嘉定区新成路小学

表4-4　中大班"小主人"亲子社会实践活动推荐

亲子社会 实践活动	价　值　点
看电影	1. 体验一次订票（各种订票的方式：网上订票、机器订票、现场买票） 2. 学会按座位序列号对号入座，找到自己的座位
春游	1. 制订食物采购计划 2. 对照计划实地采购（辨析超市各类货架标记，查看单价，学看保质期，进行简单计算）
参观马陆 葡萄园	1. 参观马陆葡萄园和采摘葡萄 2. 了解嘉定的特产 3. 体验采摘乐趣
我是小读者	1. 参观图书馆 2. 经历一次借书、还书的过程 3. 亲子共读
去旅行	1. 制订旅行采购计划 2. 整理旅行箱（学着独立整理自己的衣物） 3. 学习记录出行的所见所闻 4. 自制旅游相册，与同伴分享
……	……

接下来，我们以大班开展的"嘉定红色之旅"体验日活动为例，介绍"小主人"课程是如何通过社会实践途径实施的。

表4-5　"嘉定红色之旅"体验日活动

活动主题		活　动　内　容
第一 阶段	打卡嘉定区 红色文化 基地	1. 共同收集嘉定区红色文化基地、历史故事，自主结伴选择喜欢的红色文化基地并制订计划书 2. 观赏阅兵仪式 3. 在家委会协助下，幼儿周末带着计划书与父母和同伴一起参访，边看边记录 4. 开展班级分享会，一起了解嘉定区的红色文化和故事

活动主题		活 动 内 容
第二阶段	介绍嘉定区红色文化	大一班：绘制"小主人"地图 1. 收集嘉定区红色文化基地的资料 2. 从远香湖出发，绘制地图 3. 介绍地图上的红色文化基地 大二班：制作"小主人"电视台节目 1. 收集、采访嘉定区的红色故事和时事新闻并记录 2. 讲述红色故事 3. 演唱红歌 大三班：制作"小主人"报 1. 收集、采访嘉定区的红色故事和时事新闻 2. 制作"小主人"报 3. 介绍"小主人"报内容
第三阶段	分享嘉定区红色文化	分享自己对红色之旅的感受

"嘉定红色之旅"体验日活动是一次深度挖掘并充分利用园外社会资源的创新教育实践。活动分为三个阶段，层层深入，让幼儿在亲身体验中感悟红色文化，培养爱国情怀。

第一阶段，以打卡嘉定区红色文化基地为核心。活动前，幼儿园通过家园共育平台和谈话活动，引导师幼共同收集嘉定区红色文化基地、历史故事。幼儿自主选择心仪的红色文化基地，亲手制作计划书，并接受家委会的专项培训。周末，准备充分的"小主人"带着计划书，与父母和同伴一同踏入红色文化基地，通过听、看、记的方式，亲身感受红色文化的厚重与光辉。

第二阶段，介绍嘉定区红色文化。返园后，各班级举办分享会，幼儿争相展示自己收集到的红色文化故事，并结合自己的兴趣和班级特色，以绘制"小主人"地图、制作"小主人"电视台节目和"小主人"报等多种形式，汇总并呈现红色文化基地的信息。通过做一做、画一画、说一说、演一演等多元化的表达方式，幼儿亲手打造属于自己的红色文化成果。

第三阶段，分享嘉定区红色文化。从个人到班级，再到年级组，幼儿声情并茂地讲述红色之旅的所见所闻和内心感受。这些分享不仅展现了幼儿对红色文化的深刻理解，更表达了他们对家乡的深厚爱意。

这些社会资源一方面让"小主人"课程得以落实，另一方面也为幼儿提供了更为多元化的教育场景，实现了教育的全面延伸和深化。

第二节 实 施 原 则

在实施"小主人"课程中，我们始终坚持"双主体"原则、场景拓展原则、动态调整原则，确保幼儿与教师在课程中的主体地位得到充分体现，同时不断拓展教育场景，丰富幼儿的学习体验，使课程更加契合幼儿的兴趣和需求。

一、"双主体"原则

"双主体"原则是指以幼儿为主体，以教师为主导，两者共同作用，推进"小主人"课程实施。以幼儿为主体是指课程内容从幼儿的兴趣和需求出发，注重幼儿的探究和体验，始终以幼儿的发展为核心；以教师为主导是指教师要时刻捕捉教育场景，结合幼儿的特点和经验，动态调整课程内容。

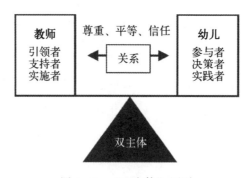

图 4-3 "双主体"原则

[案例]

追忆年味，与爱"童"行

在 2021 年第八届"小主人"迎新节活动筹备过程中，小班对新年穿新衣的憧憬，中班对美食的热爱，以及大班对玩民间游戏的期待，都成为教师活动策划的宝贵灵感。最后，教师决定放手，让幼儿成为活动的主角，围绕"新年"主题，巧妙融合吃、穿、玩三大元素设计活动。

于是，小班开展"虎年迎新 cosplay 秀"活动，展示新年服饰的魅力；中班开展"寻味年味"活动，通过制作新年美食，品味年的味道；大班开展"民间游戏乐淘淘"活动，沉浸在民间游戏中，感受传统年俗的乐趣。最终，活动主题定为"追忆年味，与爱'童'行"。这一主题凝聚了幼儿对新年的美好期待，切实体现了他们的兴趣和需求。

在这个案例中，活动内容完全源于幼儿自己的兴趣与需求，幼儿的主体性得到了前所未有的尊重。他们不仅积极自我主张，更积极践行自主探究、自行管理、自我激励。

过程中，教师充分发挥了引领者和支持者的作用，倾听幼儿的声音，了解他们的兴趣和需求，为幼儿搭建了一个展示自我的舞台。

[案例]

自由活动我做主

有一次，有个幼儿在户外花园浇完水后问教师："为什么我们不能在教室外面自由活动？"由此，班级展开了关于"哪些活动可以搬到户外去？"这一问题的讨论。

"我想在外面看书。露营时，我妈妈也会带书在外面看的。"

"外面落叶很多，可以去清扫落叶，不然叶子都飘进我们教室里了。"

"我想在走廊上跳绳。我刚学会跳绳，想要超过妈妈。"

"班级门口有迷宫墙，我可以跟我的好伙伴在迷宫墙上玩野战队游戏，很好玩的。"

"我就想晒晒太阳，如果有个帐篷就好了。"

"我想捡好多好多落叶，然后用落叶在纸上制作一条秋天的裙子。"

…………

大班在一楼，后面是迷宫墙和小菜园。于是，教师利用室内和室外场地资源，在自由活动时间给幼儿提供更多自己选择场地、开展活动的机会。在自由活动中，幼儿自主生成活动内容，自主选择同伴，自主选择和整理材料。在这个过程中，教师做到"坚持底线，放大空间，少用权利，多用规则"。 坚持底线是指幼儿户外活动的场地必须是在教师可以关注到的范围内。我们确定的场地范围是小菜园到迷宫墙这一区域。放大空间是指放大幼儿活动的权利。 少用权利和多用规则是指如果幼儿违反了某个规则，就必须停用一次场地。例如，户外活动有一项规则是不翻越墙壁，如果有幼儿违反了这个规则，就取消一次该幼儿进入该场地的机会。

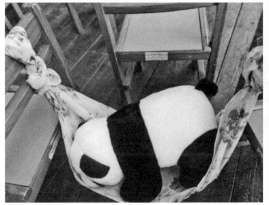

图4-4 大班"自由活动我做主"活动

在这个案例中，活动充分契合幼儿兴趣：自主游戏、运动、劳作、阅读、沐浴阳光，既满足了幼儿好动好奇的天性，也满足了幼儿身心发展的需求，同时提高了幼儿自行管理的能力，让他们真正成为"小主人"。教师也在组织幼儿讨论及保障活动顺利实施的过程中，充分发挥了引领者、支持者和实施者的作用，不仅在活动中给幼儿提供安全保障，也引领幼儿在合理的规则下开展自主活动。

在这些活动中，幼儿学会了如何表达自己的意愿，如何与他人合作，如何在实践中探究与成长。教师也在学习如何成为引领者、支持者和实施者的过程中获得专业上的成长。

二、场景拓展原则

在"小主人"课程实施过程中，我们始终坚持拓宽教育空间，实现园内与园外教育场景的有效融合。

（一）利用园内资源

为了深度挖掘并构建适宜幼儿全面发展的教育环境，我们全面升级了室内与室外空间，精心设计与打造了一系列富有启发性与教育意义的教育场景，致力于为幼儿提供一个既能激发潜能又能促进身心健康成长的多元化学习天地。

1. 打破室内空间

新成幼儿园总部的室内空间设计充满了创新与童趣，旨在为幼儿打造一个既安全又充满探究乐趣的成长环境。整个室内空间规划以六个充满活力的班级为核心，布局了满足日常需求的餐厅和温馨舒适的午睡间，确保幼儿能够在这里享受到均衡的学习与休息时光。为了丰富幼儿的生活，我们还特别增设了室内建构游戏专用活动室和小舞台专用活动室，通过对这些活动室进行巧妙的设计，使其与自然光线充分融合，充分激发幼儿的创造力和表演欲。另外，面对室内专用活动室数量有限的挑战，我们决定打破传统界限，拆除班级与餐厅之间的隔墙，创造出一个"一室三功能"的神奇空间。这一创新设计不仅保留了餐厅原有的用餐功能，更让餐厅在特定时段摇身一变成为室内运动场，让幼儿在雨雪天气也能尽情奔跑嬉戏。同时，它还是"小主人"体验项目的灵活场地，幼儿无论是进行科学实验、艺术创作还是角色扮演，都能在这里找到合适的舞台。

在这样的设计理念下，六个迷你活动室应运而生："小厨师"活动室让幼儿亲手制作美食，体验烹饪的乐趣；"小读者"活动室藏书丰富，是幼儿静心阅读和享受故事时光的好去处；"小主播"活动室配备了专业的录音设备，让幼儿的声音传遍每个角落；"小木匠"活动室里，幼儿可以动手制作简单的木工作品，培养动手能力；"小画家"活动室里，挂满了幼儿天马行空的作品，有利于激发他们的艺术灵感；"小科学家"活动室配备了各种科学小实验器材,有利于激发幼儿对未知世界的好奇心。这样的空间布局不仅最大化地利用了室内有限的资源,更为幼儿营造了一个多元化、富有启发性的学习环境,让他们的每一天都充满新奇与发现。

图4-5 "小主人"体验项目——小厨师

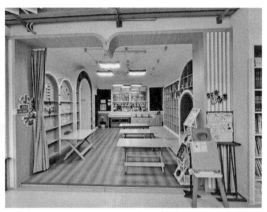

图4-6 "小主人"体验项目——小读者

图4-7 "小主人"体验项目——小主播

图4-8 "小主人"体验项目——小木匠

图4-9 "小主人"体验项目——小画家

图4-10 "小主人"体验项目——小科学家

2. 改造室外空间

在对室内空间进行精心改造的同时，我们也没有忽视改造室外空间。为了充分利用并优化原有的室外资源，我们进行了一系列调整与创新。原先的室外场地已经有了一米菜园、迷宫墙、紫藤花架、沙池、坡洞等多样化设施。在此基础上，我们进一步丰富了场地资源，新增了户外沙水池，让幼儿在玩沙的同时也能享受到玩水的乐趣。此外，我们还增设了美育体验区和饲养区，让幼儿在自然环境中感受艺术的魅力，近距离观察和照顾小动物，培养他们的爱心和责任感。小桥流水的景观设计更是为整个室外场地增添了一抹生动的自然韵味。

在全新升级的户外空间里，幼儿拥有了前所未有的自由度，可以根据自己的兴趣所向与内心渴望，穿梭于各个游戏区域之间，自由地选择心仪的场地，挑选多样的游戏材料，并自主决定游戏的内容与形式。在这片与自然紧密相联的天地中，幼儿可以无拘无束地奔跑，在阳光下与微风中尽情释放活力，深入探究每个角落的秘密，享受那份由内而外散发的探究之乐。

（二）拓展社会资源

开展"小主人"课程，园外社会资源必不可少。为此，我们积极加强幼儿园与家庭、社区的合作，为幼儿提供更加广阔的学习与成长空间。

1. 注重社会实践，探究多元文化

在课程 1.0 版的基础上，我们积极拓展了幼儿园周边的社区资源，并依据《3—6 岁儿童学习与发展指南》提到的幼儿必备核心经验及"小主人"课程目标，围绕红色文化体验、城市发展体验、亲自然体验、安全教育体验和艺术教育体验五个维度，筛选了适宜各年龄段幼儿的社会实践资源，为课程实施提供了多元资源保障，丰富了幼儿体验。

表 4-6　社会实践资源、活动内容和核心经验

维度	社会实践资源	活 动 内 容	核 心 经 验
红色文化体验	嘉定区革命烈士陵园	烈士陵园扫墓，聆听牺牲烈士的故事，参加一次特别的升旗仪式	了解烈士的事迹，怀念烈士，珍惜现在的幸福生活
	嘉定区外冈游击队纪念馆	聆听游击队的故事，扮演小游击队员，担任红色故事宣讲员	了解游击队员的英勇事迹，激发爱祖国、爱家乡、感恩先烈的积极情感
	嘉定区石童子雕像	寻找石童子，聆听石童子的故事	了解石童子雕像的来历，感受保卫家乡的情感
	嘉定区顾维钧纪念馆	聆听外交家顾维钧的故事	知晓中国曾经遇到的不公平待遇，感受外交家的责任感和勇气

维度	社会实践资源	活　动　内　容	核　心　经　验
城市发展体验	嘉定区孔庙	聆听古代学堂的故事，参加大班新生开笔礼	通过看科举物件、听科举故事等，了解古人的学习方式，体验成长
	嘉定区州桥老街	走访老房子，品尝老街美食，在老街喝茶，听一听嘉定方言	了解不同的古建筑，欣赏它们的外形特征（白墙黑瓦等），感受独有的建筑风格，萌发爱家乡的情感
	嘉定区环城河步道	远足，踏青	养成爱锻炼的习惯，了解嘉定的历史和文化，热爱自己的家乡
	嘉定区汽车博物馆	参观各种各样的汽车，体验神奇的无人驾驶，制作汽车模型	了解汽车的发展历史，感受交通工具的演变，体会现代车辆的新奇，为家乡感到骄傲
	嘉定区图书馆	了解图书分类，借一本喜欢的书，感受神奇的电子阅览，担任图书馆志愿者	感受阅读，爱上阅读
	嘉定区养乐多工厂	了解有趣的菌种，参观养乐多制作车间，品尝养乐多	直观感受现代化企业的生产流程以及各种高科技自动化设备，了解肠道健康知识，自觉抵制垃圾产品，养成良好的饮食习惯
亲自然体验	嘉定区气象科普基地	了解气象知识、气象灾害，体验VR风暴，担任天气播报员	感受各种气象形成、气象测量的有趣过程，了解气象知识，激发探究气象的兴趣
	嘉定区外冈万亩良田	体验收割、拍稻穗、碾米、做饭团、插秧，玩田野游戏	了解农作物的外形特征、生长环境及收割方法，体验农耕文化，亲身感受农民的辛劳，体会粮食的来之不易，培养热爱劳动、珍惜粮食的品质
	嘉定区嘉北郊野公园	探索大树、泥土的秘密，体验公园骑行、放风筝、远足、农耕、运动会、坐游船	欣赏自然美景，探究自然与生命，萌发亲近、热爱自然的情感
	嘉定区汇龙潭公园	菊花节赏菊，品菊花茶饮，探秘古树，拾落叶，担任公园小导游	观察探究各种自然景观，感受四季自然风貌
	嘉定区秋霞圃	体验不同的石子路，寻找美丽的枫叶	欣赏公园一年四季的美景
	嘉定区小灶村	草坪聚会，照顾小动物，拾蛋，荡秋千，体验小矮人的小木屋	发现和体验农村的童趣和美景，培养对动植物、自然的亲近和喜爱之情
	嘉定区紫藤园	寻找春天，体验野餐、写生	观察、认识春季植物的变化，特别是紫藤花的生长，感受植物的不同特点及其与周围环境的关系，有进一步探究的愿望与亲近自然的情感

维度	社会实践资源	活 动 内 容	核 心 经 验
亲自然体验	嘉定区沥江农家园	体验拾蛋、听鸟叫、摘瓜果、挑野菜、吃农家饭、酿酒、磨豆腐	认识家禽和家畜，比较它们不同的外形特征和生活习性，获得情感、态度、能力、知识、技能等方面的发展
	嘉定区百果园	探究温室的秘密，了解有趣的无土栽培，打卡种子博物馆	有机会观察温室，了解温室的特点以及温室种植的方式，感受温室栽培和人们生活的关系，有进一步探究的愿望
	嘉定区远香湖	体验野趣打卡、户外自然探索、户外集体/分组游戏、湖边写生	激发对自然界的事物或现象的兴趣，提升探究能力，萌发热爱自然、家乡的情感
安全教育体验	嘉定区消防科普教育体验馆	与消防车亲密接触，体验消防云梯、火场逃生	了解预防火灾、火场逃生、灭火器的正确使用、正确报警等消防安全知识，有自我保护的意识和经验
	嘉定区红十字生命健康安全体验馆	安全体验，操作模拟，宣传解说	了解急救知识，强化安全意识，激发珍视生命的情感，知道要保护自己不受伤害
	嘉定区交通警察支队	找一找车辆盲区，戴一戴安全头盔	了解交通安全常识，增强交通安全意识
	嘉定区120急救中心	实战模拟呼叫120，体验心肺复苏急救	了解急救知识，感受急救医生"救死扶伤，守护生命"的崇高精神
艺术教育体验	嘉定区博物馆	观赏博物馆展品	感受传统民俗，欣赏竹刻独有的雕刻和艺术美
	嘉定区保利大剧院	参访保利大剧院，观看演出，体验当小演员，担任剧院志愿者	欣赏剧院独特的建筑设计之美，观赏不同的演出，感受不同的艺术表现方式和独特的美，了解观众礼仪，萌发表演兴趣
	嘉定区影剧院	参观影剧院，观看电影	了解影剧院的内部结构和设施，观赏各类优秀影片，体验VR电影的神奇
	嘉定区韩天衡美术馆	美术馆观展，体验国画、篆刻，担任小小讲解员	欣赏老建筑新改造的艺术美，激发对篆刻、书法、国画等的兴趣，感知不同艺术作品的表现形式，萌发对各类艺术作品的喜爱
	嘉定区徐行草编	走进草编种植园，体验草编	了解草编的发展历程，感受草编文化的魅力，在体验草编的过程中培养专注、耐心的品质
	嘉定区武术学校	欣赏武术，跟着哥哥姐姐练功夫，进行兵器大挑战	感受武术精气神，培养专注力、意志力和规则意识

2. 家园携手，共筑幼儿成长桥梁

我们深知，每个家庭都是独一无二的社会资源宝库，家长的职业背景、生活经验都是幼儿认知世界的宝贵窗口。家园携手，共筑幼儿成长桥梁，是当代学前教育理念的具体落实。因此，我们在"小主人"课程中拓展了关于家园合作的内容，旨在为幼儿构建一个全方位、多层次的学习与成长环境。

在家园合作中，我们鼓励家长利用自身的职业优势和社会资源，为幼儿提供社会实践的场地和机会。例如，我们邀请从事医生、消防员等职业的家长来幼儿园进行职业介绍，并与幼儿互动，让幼儿了解不同职业的特点和职责。在医生家长的引导下，幼儿学会了基本的卫生知识和急救知识。消防员家长用生动的演练，让幼儿理解了火灾的危害与安全逃生的重要性。这些亲身体验远比书本上的知识来得直观和深刻，激发了幼儿探究未知的好奇心，也培养了他们的社会责任感和对不同职业的尊重。

此外，家委会成员的深度参与，使得社会实践活动更加契合幼儿的兴趣和需求。例如，我们邀请家委会成员参与社会实践活动的策划、组织和评价，家长提出的创意、建议往往能巧妙地融合教育性与趣味性，让每次活动都成为幼儿成长道路上的宝贵财富。同时，家长的参与也增强了活动的安全性和有效性，确保幼儿在活动中得到充分的关注和照顾。

展望未来，我们将进一步拓宽家园合作的广度与深度，探索家园合作下更多元的课程形式，培养具有社会责任感、创新精神和实践能力的新时代幼儿。

三、 动态调整原则

动态调整原则强调课程设置应当具备高度的灵活性和适应性，以便有效应对不断变化的教育环境和挑战。这一原则要求教育者根据幼儿发展的实际需求和教育场景的具体变化，适时地调整课程内容、实施途径及组织方式，使课程能够更加契合幼儿的发展特点，更好地实现"四自"目标。

（一） 了解幼儿的兴趣和需求

在课程班本化的筹备阶段，了解幼儿的兴趣和需求是至关重要的一环。首先，教师要与幼儿进行深入交流，收集来自幼儿的信息。其次，教师要对这些信息进行细致的筛选和梳理，区分哪些是共性需求，即大多数幼儿都感兴趣的内容；哪些是群体需求，即某些幼儿感兴趣的内容；哪些是个别幼儿的独特需求。这样的分类有助于教师更清晰地把握幼儿的整体发展状况和个体差异。最后，根据梳理出的需求，教师要对课程内容进行动态调整。对共性需求，教师可以将其融入课程的主体部分，确保所有的幼儿都能得到相应的满足；对群体需求，教师可以设计有针对性活动，以满足群体的发展需求；对个别幼儿的独特需求，教师可以通过个别辅导或特别活动的方式给予关注和支持。这样的动态调整，不仅使课程更加契合幼儿的兴趣和需求，也更能激发他们的学习热情和参与度，进而推动课程班本化深入开展。

（二）遵循幼儿的发展规律

在学前教育的实践中，我们深知遵循幼儿发展规律的重要性。每个幼儿都是独一无二的个体，他们的发展节奏和路径各不相同。这就要求教师充分尊重并接纳这种差异，对课程进行动态调整，避免采用"一刀切"的教育方法，以确保教育活动的针对性和有效性，从而确保每个幼儿都能在适合自己的节奏下茁壮成长。

基于幼儿的发展规律，教师应提供适宜的学习内容，既满足他们的认知需求，又激发他们的学习兴趣。对幼儿而言，游戏是他们最自然、最有效的学习方式。通过游戏，幼儿可以在轻松愉快的氛围中探究世界，积累经验，培养解决问题的能力。因此，教师应将游戏融入日常活动中，让幼儿在玩中学，在学中玩。

[案例]

出发，沙水游戏

刚升入中班的幼儿对全新的游戏环境很感兴趣，对沙水材料爱不释手，开始喜欢用多种工具玩沙水，但因受材料、时间和场地限制，常常意犹未尽。为此，教师基于幼儿的需求，启动了沙水游戏的赋权计划，灵活调整了课程内容和时间安排，确保每个幼儿都能充分沉浸在沙水的奇妙世界中，享受探究与创造的乐趣。

表4-7 "出发，沙水游戏"活动动态调整过程

原　因	表　现	支　持
材料不够（第一次动态调整）	"老师，我们河里没有水，水都被沙子吸掉了。""怎么办呀？""我们需要很多的水。"	教师和幼儿一起来到材料区，找到水管。在教师的帮助下，幼儿成功地从水龙头处接到了水。在分享接到水的喜悦过程中，有的幼儿提出可以用接到的水让小船在水里动起来，随之引发了关于"有哪些材料可以放在水里玩？"的讨论。于是，班级发起了材料收集行动，对户外沙水游戏场地的材料进行调整
时间不够（第二次动态调整）	"我要在小河边开冰激凌店。""小河边要有围栏，这样才安全。""想让小动物们也能在小河里游泳，小河里要有好多的水。""我要挖一条好长好长的河。"（幼儿根据自己的兴趣和需求，在河上搭建了冰激凌店，但还没开始玩，游戏就结束了。）"小河还没挖好呀。""还没玩'买冷饮'的游戏呢。""再等我们一会儿，好吗？"	教师组织幼儿讨论："我们很想玩沙水游戏，可是这周轮到的是其他班级，怎么办呢？""我们可以快点吃好饭，睡午觉前去玩。""我们可以先去玩一会儿，再让其他班级小朋友玩。""我们可以在运动时去玩。""可是，这样我们就不能锻炼身体了。"通过投票，大部分幼儿都选择在吃好饭后去玩。于是，教师尊重幼儿的想法，调整课程时间

续　表

原　因	表　现	支　持
场地冲突（第三次动态调整）	幼儿按照计划，吃好饭后继续玩沙水游戏，但是其他班级小朋友正在场地里开展游戏	教师组织幼儿讨论： "和其他班级发生场地冲突了，怎么办？" "可以提前和其他班级教师说一下。" "我们插个牌子，防止我们离开后，其他班级小朋友过来玩。" "我们换个时间来玩。" 通过投票，幼儿开始制作"中（2）班游戏未完成"的班牌，告诉其他班级他们需要继续玩

　　为了更好地应对挑战，教师在日常教学实践中要储备一定的专业知识与教学资源。首先，教师应保持持续学习的态度，这是提升专业素养的关键。新的教育理念、教学方法和研究成果层出不穷，教师必须紧跟时代的步伐，通过参加培训、阅读专业书籍、参与学术交流等方式，不断更新自己的知识结构和教育理念，只有这样才能在课程实施中根据幼儿的实际需求，灵活运用所学的知识，动态调整课程内容，确保课程的有效性和针对性。其次，教师应建立一个多样化的教学资源库，这是实现课程动态调整的重要支撑。教学资源库应涵盖各类图书、教具、多媒体资源等，以满足不同教学场景和幼儿的需求。在教学资源库的建设过程中，教师不仅要注重资源的丰富性，还要关注资源的适用性和时效性。通过定期整理、更新和补充资源库，教师可以更加便捷地获取所需的资源，为课程的动态调整提供有力的保障，从而推动幼儿的全面发展。

第五章 "小主人"课程实施场景与内容

在推进"小主人"课程班本化的实践中，我们致力于打造多维度、全方位的教育生态。其中，时空场景、资源场景与需求场景交织融合，构成了课程实施的基石。教育场景设计不仅为幼儿的全面发展开辟了宽广的道路，更为其个性化成长提供了肥沃的土壤。一系列针对不同年级、不同班级的多样化的课程内容，更是满足了不同年龄段幼儿的学习需求，激发了幼儿的内在动力，促进了幼儿综合素质的全面提升。

第一节 三类教育场景

"小主人"课程班本化的教育场景建构紧密围绕各班的个性化需求，巧妙融入人（幼儿、教师、家长）、事（教育活动）、物（空间、材料）三大核心元素，旨在为幼儿提供一个充满主张、可探究、有体验和有所获的学习环境，确保幼儿获得丰富的学习资源、多样化的学习方式和深入的学习过程。

在具体实施过程中，我们创新性地将教育场景划分为时空场景、资源场景、需求场景，以全面覆盖幼儿的需求。其中，时空场景分为园内班级内场景、园内班级外场景、园外社会资源场景；资源场景分为场地资源场景、季节资源场景、人和物资源场景、信息技术资源场景、可与幼儿互动的环境与材料资源场景；需求场景分为共性需求场景、

图 5-1 "小主人"课程实施场景

群体需求场景、个性需求场景。

一、 案例实录：梳头那些事儿

（一） 给皮筋、发夹找家

午睡时间到了，悦悦、豆豆等几个女孩"围绕辫子拆掉后，皮筋放在哪里？"展开讨论。这时，在教师的引导下，幼儿想到了找个盒子把皮筋放进去的办法。但没过几天，幼儿又发现皮筋放混了及盒子空间不够用的问题。于是，教师提供了第二个盒子，满足班级每个女孩可能的需要；倾听幼儿的建议，让幼儿自主写学号，自主选择小抽屉和幼儿商议盒子放置的合适位置并达成共识。

（二） 收集梳子

一天午睡起床后，朵朵等几个女孩为了谁先梳谁后梳争论起来。这时，教师问道："大家都想梳，怎么办呢？"

朵朵："有的人先梳，梳完再把梳子给别人。"

悦悦："梳子只有两把，有点少。"

教师："那怎么办呢？我们班级只有两把梳子呀。"

妡妡："我们可以将家里的梳子带来呀。"

大家都表示同意。教师建议大家带不一样的梳子，这样可以体验用不同的梳子梳头发。

（三） 整理梳子

幼儿陆陆续续带来了梳子，并将其放在半圆形桌面上。

俊辰："老师，梳子都放在桌面上了，好乱呀。"

小叶子："就是呀，乱糟糟的。"

教师："我也有这样的感觉，那么梳子放在哪里好呢？"

俊辰："可以放在一次性杯子里，我们教室里不是有的吗？"

悦悦："我带来的梳子是有洞的，可以挂起来。"

小叶子："我带来的梳子和悦悦的一样，也是有洞的，可以用钩子挂起来。"

教师对大家的建议表示认同和赞赏，并让俊辰来演示。俊辰从游戏材料区拿来了一次性杯子，把梳子放进去后，杯子却倒了下来。有的幼儿说杯子太轻而梳子太重，所以杯子会倒；有的幼儿提出可以将杯子靠着墙壁放，这样杯子就不会倒了；也有的幼儿提出可以将杯子换成纸芯筒，但尝试后发现也不行。于是，教师提议大家回家找一找更合适的物品。

第二天，在教师和幼儿带来的材料中，幼儿一致选择了白色的盒子，因为大家都觉得这个盒子既漂亮又牢固，而且还有一个个小格子，梳子可以放在格子里。接着，俊辰和小叶子主动提出整理梳子。

（四）清洗梳子

午睡起床，吃完点心，几个女孩拿起梳子，照着镜子梳头发。这时，教师拿起一把梳子，说："哎呀，这把梳子上怎么有点黑黑的？"

诺诺："真的，好像有点脏。"

豆豆："我也看到了，有点黑，是脏东西。"

小叶子："我知道，这是我们头发上分泌的油脂。"

教师："我们每天都要用梳子梳头，保证梳子的清洁卫生也是很重要的。"

于是，教师和幼儿一起讨论办法，并鼓励幼儿回家问问家长如何清洗梳子。第二天，在与幼儿的交流中，教师发现个别幼儿向家长了解了清洗梳子的方法，有的说妈妈用刷子清洗梳子，有的说妈妈将梳子放在水里浸一浸后用布擦擦就好了。接着，教师播放清洗梳子的视频，幼儿看完后纷纷表示想要自己试一试这些清洗梳子的方法。"谁来清洗梳子？多长时间洗一次呢？"最后，他们在讨论中达成了共识：每个周五清洗梳子，周六、周日可以晾一晾；按学号，每次4个人，大家都可以轮到。就这样，幼儿自主选择工具和材料，用自己喜欢的方法清洗梳子。

（五）梳头

午睡起床后，几个女孩拿起梳子梳头，有的表示要用自己的梳子梳，因为自己的梳子大，梳起来很舒服；有的拿起小梳子说这个梳子梳头也挺舒服的；有的照着镜子看着梳；有的模仿同伴的样子梳。梳完头，朵朵用皮筋绕了几下就自己扎好了一个马尾辫。昕昕双手交错着弄头发，试图像朵朵一样扎，试了几次都没有成功，说："我不会呀，我不会呀。"豆豆看见了，说："我来帮你吧。"两个人开始了协作。俊辰表示也要梳头发，几个女孩觉得很有趣，说："男孩怎么也梳头呀？"俊辰说："男孩当然也可以梳头。"就这样，每天午睡起床后，幼儿独自或在相互帮助中尝试着梳头、扎辫子。

二、案例分析：构建多元化教育场景

在上述案例中，教师建构了由时空场景、资源场景和需求场景组成的多元化教育场景，为幼儿提供了一个既充满挑战又包含支持的学习环境。

（一）时空场景的灵活拓展

时空场景是教育活动发生的物理基础，决定了幼儿活动的范围和可能性。在这个案例中，教师充分利用了园内班级场景，但并未局限于此。从最初的皮筋、发夹收纳问题开始，教师就鼓励幼儿思考并参与班级管理。从提供盒子作为收纳容器到根据幼儿需求增加盒子数量，再到最终与幼儿共同商议确定盒子的最佳放置位置，教师不仅帮助幼儿解决了实际问题，还让幼儿感受到自己是班级环境的主人，有权参与并影响空间的使用和布局。此外，当幼儿提出从家里带来梳子时，教师没有拒绝这一超出班级原有物资范围的提议，而是给予积极支持，进一步拓宽了时空场景的边界，让幼儿感受到家园共育的温暖与力量。

（二）资源场景的生动创设

资源场景是教育活动实施的载体，关乎幼儿的学习体验和情感投入。在这个案例中，教师巧妙地利用班级内的场地资源，如半圆形桌子、墙面等，为幼儿创造了一个既实用又富有探究性的场景。从梳子的收集到整理，再到清洗，每个环节都渗透幼儿的主动探究和教师的智慧引导。例如，当幼儿发现梳子放置混乱的问题时，教师没有直接给出解决方案，而是引导幼儿自己观察、讨论。最终，幼儿找到了用白色的盒子分格存放的最佳方法。这一过程不仅锻炼了幼儿的观察力和解决问题的能力，还让他们在实践中体会到成功的喜悦。另外，教师还引入视频资源，让幼儿在欣赏中学习清洗梳子的正确方法，使资源场景更加生动有趣，进一步激发了幼儿的学习兴趣。

（三）需求场景的精准把握

需求场景是教育活动中的动力源泉，关乎幼儿的内在需求和外在表现。在这个案例中，无论是皮筋、发夹的收纳，还是梳子的收集、整理和清洗，教师始终将幼儿的真实需求放在首位。教师不仅关注幼儿的共性需求，如每个女孩都需要一个放皮筋的地方，还关注群体需求和个性需求，如有的幼儿希望用自己的梳子，有的幼儿想尝试不同的梳子，等等。通过赋予幼儿话语权、决策权和实施权，教师让幼儿在满足自己需求的过程中，也学会了尊重他人，合作分享。特别是在清洗梳子的环节，教师引导幼儿自己制订清洗计划，选择清洗工具和方法，不仅培养了幼儿的责任感和自理能力，还让他们在实践中学会了时间管理和团队协作。

在这些场景中，幼儿不仅学会了如何管理自己的物品，如何与他人合作，如何解决问题，更重要的是，还学会了如何成为一个有主见、有创造力、有责任感的个体。这不仅是幼儿成长的宝贵财富，也是教师追求的教育理想。

第二节 多样化课程内容

我们分别针对小、中、大班，优化了"小主人"课程内容，这些优化主要聚焦预设性主题活动、生成性主题活动、非主题活动、"小主人"体验项目、"小主人"体验日活动、"小主人"体验节活动和"小主人"赋权活动等七类活动中。其中，"小主人"赋权活动是指在生活、运动、游戏、学习四类活动中，教师赋权幼儿，支持幼儿的主张，并在师幼共建下实现幼儿的主张，让幼儿真正成为课程"小主人"的活动。基于这些优化举措，课程更加凸显班本化，教育场景中的师幼互动也变得更加紧密和高效。

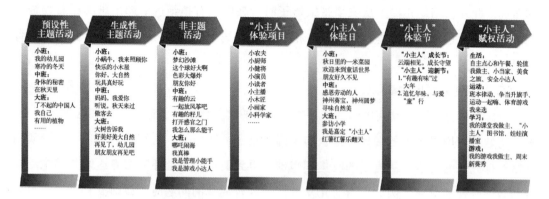

图 5-2 "小主人"课程实施内容

一、主题活动

幼儿园主题活动是指在上海市"二期课改"教师参考用书《学习活动》的引领下，教师巧妙地整合时空场景、资源场景和需求场景，围绕特定主题设计并实施的一系列丰富多彩的活动，主要包含预设性主题活动和生成性主题活动两种。

以小班预设性主题活动"我爱幼儿园"为例，《学习活动（3—4 岁）》主题"我的幼儿园"包括"你玩我玩大家玩""哥哥姐姐喜欢我""玩具要回家""过生日"等。在此基础上，我们进行了班本化调整，建构了预设性主题活动"我爱幼儿园"。在此活动中，教师基于小班幼儿对新生活、新朋友及新环境的浓厚兴趣，以日常生活中对幼儿的观察为出发点，开展了一系列帮助幼儿更好地融入幼儿园生活、体验交往乐趣的活动。

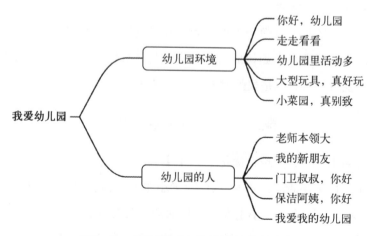

图 5-3 "我爱幼儿园"预设性主题活动

在这些活动中，有谈话类活动，如"你好，幼儿园"；有户外散步类活动，如"走走看看""小菜园，真别致"；有集体类活动，如"幼儿园里活动多""老师本领大"等。教师通过引导幼儿深入探究幼儿园环境与设施，与幼儿园里的各类人员互动，让幼儿在亲身体验中感受幼儿园生活的快乐，增进对幼儿园的喜爱。

在"我爱幼儿园"活动实施的过程中，教师还敏锐地发现了幼儿对自然环境的兴趣，因而在预设性主题活动的基础上，进一步建构了生成性主题活动，如"小蜗牛，我来照顾你""你好，大自然"等。这些生成性主题活动与预设性主题活动相辅相成，共同促进了"小主人"课程实施。

二、非主题活动

作为"小主人"课程实施的重要组成部分，非主题活动不拘泥于特定主题，而是紧密围绕幼儿的兴趣、需求及教育目标，以传统节日、四季特点、实时热点、突发事件等为契机，由师幼共同建构，形式灵活多样。

以中班"有趣的云"非主题活动为例，该活动灵感源于一次突发事件——早操时，乌云飘过，带来了短暂的黑暗，这一自然现象迅速激发了幼儿对云的好奇心与探索欲。教师敏锐地捕捉到了这一教育契机，随即围绕主题"云"，开展了一系列形式多样的活动。活动初期，教师引导幼儿通过讨论"天空为什么变暗了?"，分享自己的观察与感受，激发了他们对云的兴趣。随后，户外活动"看云说云"让幼儿亲身体验到云的千变万化，科学领域集体教学活动"看云"则由教师通过专业的讲解与实验，帮助幼儿深入了解云的形成与变化原理。此外，亲子活动"不一样的云"鼓励家长与幼儿共同参与，探究云的奥秘，增强了家园共育的效果。随着活动的深入，教师还组织户外活动"躺在草地上看云"，让幼儿在轻松愉快的氛围中，用眼睛捕捉云的美丽形态；组织了艺术领域集体教学活动"多变的云"和"美丽的云"，让幼儿通过绘画、手工等方式，表达自己对云的独特感受与想象；组织了语言领域集体教学活动"云娃娃"，鼓励幼儿表达想法，锻炼语言能力；组织了个别化学习活动"有趣的云"，为幼儿提供了自由探究的空间，让他们能够根据自己的兴趣和能力，深入探究云的奥秘。

在整个活动过程中，教师充分基于幼儿的兴趣和需求，开展了多领域的系列活动，让幼儿愿意用多种感官了解和进一步探究云的各种变化，并用多种方式表达、表现自己的所见所感。这种非主题活动不仅丰富了幼儿的学习内容，还促进了他们的观察力、想象力、创造力等多方面能力的发展。

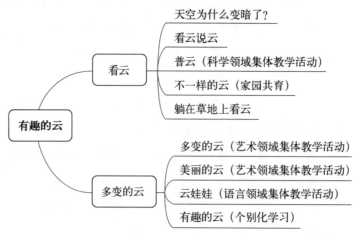

图 5-4 "有趣的云"非主题活动

三、"小主人"体验项目

"小主人"体验项目通过让幼儿扮演一种角色，体验一种生活，经历一个过程，在多样化教育场景下强化幼儿的"小主人"意识，实现"四自"目标。目前，"小主人"体验项目有"小农夫""小厨师""小健将""小演员""小读者""小主播""小木匠""小画家""小科学家"等。这些项目在经过不断调整优化后，成为培养幼儿各项能力的教育场景。

以"小厨师"体验项目为例，教师根据幼儿的兴趣——烹饪，基于《3—6 岁儿童学习与发展指南》精神及班级特色，打造了班本化的教育场景。该项目共分为三个阶段：计划与决策阶段、探究与体验阶段、分享与总结阶段。在计划与决策阶段，幼儿参与讨论，确定点心种类，布置"小厨师"专用室。教师根据讨论结果，购置材料，安排活动，确保每个幼儿都参与其中。在探究与体验阶段，教师提供丰富的资源，围绕学做点心开展活动，如"新迎园点心 DIY""我们有工作服吗""工作服怎么穿"等，满足幼儿的个性化需求，鼓励幼儿自主探究，增强了幼儿的成就感。在分享与总结阶段，幼儿制作"小厨师"故事书和点心日记，总结烹饪经验，提升自我反思能力。通过班级分享会，幼儿不仅展示了成果，还学会了倾听与欣赏他人。

优化后的"小厨师"体验项目不仅凸显班本化特色，还有效地整合了教育场景，让幼儿在角色扮演中体验生活，培养"四自"能力。

四、"小主人"体验日活动

在"小主人"体验日活动中，我们致力于深入挖掘并高效运用嘉定区本土的多元资源，基于不同年龄段幼儿的发展水平及培养目标，精心策划适合不同年龄段幼儿的社会实践活动，通过丰富的体验过程与直接的动手操作，让幼儿在亲身实践中学习与感悟。

以中班"感恩劳动的人"活动为例，我们巧妙利用"五一"劳动节的契机，带领幼儿走出幼儿园，开启一段独特的"小主人"探索旅程——探寻身边勤劳的人们。此活动打破了传统教学模式，让幼儿走进社区，近距离观察并亲身体验社区工作人员的日常劳作，深切体会劳动的艰辛与意义。各班级依据幼儿的兴趣和需求，灵活开展了一系列子活动，如集体活动"为我们服务的人有哪些""爱劳动，懂感恩""制订参访任务书"，社会实践活动"寻找周围的人"，亲子活动"感恩我的家人"等。

在活动过程中，我们充分整合了园内外各类资源，如幼儿园资源、家长资源和社区资源，确保每个活动环节都能紧密契合幼儿的兴趣和需求。通过一系列精彩纷呈的活动，幼儿不仅深入了解了各行各业的工作内容及劳动者的艰辛，还学会了以多种方式表达对周围人的尊重与感激，实现了认知与情感的全面发展。

图 5-5　体验邮差工作

图 5-6　体验修理工工作

五、"小主人"体验节活动

"小主人"体验节活动包含"小主人"迎新节活动与"小主人"成长节活动，旨在全面展现幼儿成长的风采，强调幼儿的自我激励与自我悦纳。在"小主人"迎新节活动中，我们让小班幼儿体验过年的氛围，让中班幼儿探索家乡习俗，让大班幼儿了解全国过年的方式，增进文化认同。

以 2021 年第八届"追忆年味，与爱'童'行""小主人"迎新节活动为例，在活动中，我们采取园级引领与年级组班本化实施方式，将传统节日、幼儿兴趣与需求、活动内容等紧密结合，为各年级打造了独特的活动方案。

表 5-1　第八届"追忆年味，与爱'童'行""小主人"迎新节活动（园级方案）

阶　段	活　动　内　容
前期筹备阶段	过年我主张：幼儿过年主张盘点
中期开展阶段	1. 园长致新年贺词 2. 各班幼儿观看送给云南楚雄捐物的视频，并给云南小朋友送上祝福 3. 班级开展活动：小班 cosplay 秀，中班制作美食，大班玩民间游戏 4. 新年惊喜穿插：新年老人送棉花糖，园长送新年礼物 5. 团圆桌团圆餐：引导幼儿自主摆放餐桌、餐椅、桌布、餐具，布置环境
后期评价阶段	趣味过年一起评

表 5-2　第八届"追忆年味，与爱'童'行""小主人"迎新节活动（年级组方案）

小班"虎年迎新 cosplay 秀"方案	
阶　段	活　动　内　容
前期筹备阶段	1. 龙腾虎跃迎新年 （1）班级活动：了解虎年习俗 （2）虎年环境大变装：共同布置环境 2. 爸爸妈妈的动漫时光 （1）在钉钉群发布通知 （2）班级游戏、个别化活动分享交流 （3）教师收集整理动漫信息 3. 迎新 cosplay 秀 （1）亲子制作动漫服装 （2）家长群、班级群晒一晒动漫服装 （3）迎新节展示，投票选出"最闪亮 cosplay 秀" 4. 云南楚雄爱心云互动 （1）连线云南楚雄的幼儿 （2）收集幼儿的书籍、玩具、衣物等并包装
中期开展阶段	1. 巧虎迎新年：邀请家委会成员扮演巧虎在幼儿园门口分糖果，欢迎幼儿 2. 迎新准备：幼儿参与点心和环境准备 3. 迎新典礼：观看迎新典礼视频 4. 虎虎生威 cosplay 秀：各班幼儿换装走秀 5. 虎年风采大奖台：根据幼儿服装设计及走秀情况设立奖项
后期评价阶段	幼儿评价：自主投票评价 家长评价：在各班钉钉群评价

中班"寻味年味"方案	
阶 段	活 动 内 容
前期筹备阶段	1. 各班收集捐赠物品（图书、冬季用品）并制作贺卡 2. 布置教室 3. 年味记录卡 4. 观察日历 5. 敲锣打鼓真热闹 6. 新年甜甜话
中期开展阶段	1. 如虎添翼：包饺子 2. 虎头虎脑：做八宝饭 3. 甜甜蜜蜜：做冰糖葫芦 4. 团团圆圆：做汤圆 5. 虎气威威：做饮料 6. 春风如意：做春卷
后期评价阶段	分享过新年的感受
大班"民间游戏乐淘淘"方案	
阶 段	活 动 内 容
前期筹备阶段	1. 收集民间游戏及玩法 2. 主张大盘点，选出喜欢的6个民间游戏 3. 自主尝试所选择的民间游戏
中期开展阶段	1. 套圈 2. 舞龙 3. 打弹珠 4. 踩高跷 5. 跳房子 6. 老鹰捉小鸡
后期评价阶段	分享玩民间游戏的感受

  "小主人"成长节聚焦幼儿的成长，巧妙融合小班的升班仪式、中班的成长典礼和大班的毕业感恩季，为各年龄段幼儿搭建了展示自我成长的舞台，让他们深切体会成长的喜悦。以2021年第八届"云端相见，成长守望""小主人"成长节活动为例，当时虽处于疫情期间，但我们利用信息技术手段在线上如期举行活动，小、中、大班幼儿均体验了独特的成长收获。大班幼儿更是积极参与毕业纪念册的制作，围绕"成长时光""童

年拾光""美好小辰光"等主题，记录生活的点滴、悄悄话及难忘的瞬间。每本纪念册都凝聚着幼儿的独特记忆与成长足迹。

表5-3　第八届"云端相见，成长守望""小主人"成长节活动（园级方案）

阶　段	活　动　内　容	
前期筹备阶段	确立各年龄段幼儿核心成长要素，设计表单，征集"金点子"	
中期开展阶段	小班特色主题：成长回忆录，总部再相见 1. 小班回忆录 2. 成长变化我来找 3. 我想知道的幼儿园总部 4. 分享成长变化 5. 云游幼儿园总部 6. 大家来评价	中班特色主题：成长进行时，云端与我约 1. 成长是什么 2. 学做大班哥哥姐姐 3. 大家来评价
	大班特色主题：成长毕业季，云端新启航 1. 收集成长节主张 2. 发送成长节邀请函 3. 云端参访小学 4. 参加毕业典礼 5. 制作毕业纪念册 6. 大家来评价	
后期评价阶段	1. 幼儿园下发成人评价二维码，梳理汇总评价报告 2. 幼儿自我评价：用多种表征方式，如录音、绘画、谈话等	

表5-4　第八届"云端相见，成长守望""小主人"成长节活动（年级组方案）

小班"成长回忆录，总部再相见"方案	
阶　段	活　动　内　容
前期筹备阶段	1. 小班回忆录：收集与小班幼儿成长相关的花絮 2. 成长变化我来找：指导幼儿与家长寻找成长的变化 3. 我想知道的幼儿园总部：教师收集小班幼儿想知道的关于幼儿园总部的问题，并拍照和录制视频
中期开展阶段	1. 分享成长变化：身体的变化、服装的变化、本领的变化等 2. 云游幼儿园总部 3. 分部总部大不同 4. 我的新班级
后期评价阶段	网络投票，大家来评价

续 表

中班"成长进行时，云端与我约"方案	
阶　　段	活　动　内　容
前期筹备阶段	1. 在班级钉钉群发放电子邀请函 2. 幼儿代表讲述成长的故事 3. 感恩成长路上的你
中期开展阶段	1. 电子绘本分享 2. 互动话题：你的成长是什么？ 3. 分享成长宣言（各班合辑视频） 4. 学做大班哥哥姐姐 (1) 话题一：马上要升大班了，你有什么升班困惑？ (2) 话题二：大班和中班有什么不同？（可以从不同角度来说一说，如作息、活动、值日生、本领……） 5. 分享与展望：做好大班哥哥姐姐
后期评价阶段	投票选出最喜欢的活动内容
大班"成长毕业季，云端新启航"方案	
阶　　段	活　动　内　容
前期筹备阶段	1. 收集成长节主张 2. 发送成长节邀请函
中期开展阶段	1. 云端参访小学 大1班：心中的小学绘画 大2班：感言花絮 大3班："我的小学愿望"视频花絮 2. 参加毕业典礼 时光回忆、园长致辞、家长代表发言、幼儿代表发言、念毕业诗、感恩、展望、唱毕业歌 3. 制作毕业纪念册
后期评价阶段	问卷星调查，大家来评价

六、"小主人"赋权活动

除了以上提到的各类活动外，我们还梳理了"小主人"赋权活动，如"自主点心和午餐""轮值我做主""小当家""劳动我能行""争当升旗手""运动我做主""体育游戏我来选""个别化我做主""我的课堂我做主""我的游戏我做主"等。在这些活动中，教师尤其注重赋予幼儿主张、决策和分配的权利，助力幼儿真正成为"小主人"。

表5－5　"小主人"赋权活动

活动内容	保教人员操作提示			园方支持
	小班	中班	大班	
自主点心和午餐： 1. 自主早点：幼儿自行决定什么时候吃、和谁一起吃 2. 自主午餐：小班自主取饭，吃多少告诉成人；中班自主盛饭，吃多少自己决定；大班自主盛饭、菜和汤，吃多少自己决定	1. 创建环境 2. 光盘行动	1. 创建环境 2. 光盘行动 3. 关注并提醒幼儿用早点	1. 创建环境 2. 光盘行动 3. 引导值日生关注并提醒幼儿用早点	无
	1. 根据幼儿的身体状况，提醒幼儿增或减量，确保幼儿单日营养摄入正常 2. 关注幼儿有序拿取			
轮值我做主： 1. 班级轮值内容：自行决定 2. 轮值职责：共同制订 3. 谁来轮值：自主报名 4. 轮值情况：自己评价	不参与	1. 根据幼儿商议的轮值内容和职责，将其呈现在环境中 2. 布置轮值报名互动墙 3. 定期组织激励评价（一周一互评）		无
小当家： 1. 根据来园幼儿情况（来园礼仪、洗手、晨检等），自主给同伴"小主人"勋章评价 2. 根据幼儿离园整理情况（抽屉、垃圾桶、厕所整理等），自主给同伴"小主人"勋章评价 3. 幼儿进行户外场地安全巡视，发现不安全问题，报告给行政值班教师	1. 班级环境创建 2. 组织激励评价		1. 以班级为单位，采取周轮形式 2. 引导幼儿自行决定是做评价者还是做巡视员 3. 创建"小主人"争章墙 4. 组织激励评价	1. 创建预约墙，投放"小主人"勋章、小当家"蜜蜂"帽 2. 行政值班教师关注幼儿活动范围和行为安全情况 3. 当幼儿积累到一定奖励额度时，园方颁发"小主人"勋章
劳动我能行： 1. 在种植区域进行认领、维护、清理等，对各类植物有认识与了解 2. 在自然角开展劳作活动（养殖、饲养、种植、播种、修剪、施肥、收割、烹饪等），培养自行管理能力 3. 开展"小农夫""小厨师"等体验项目，增强"爱劳动、爱生活"意识	1. 创建环境：制作户外植物认领牌，布置自然角环境 2. 引导幼儿日常照料自然角，做好过程性记录与评价	1. 创建环境：制作户外植物认领牌，布置自然角环境，搭建体验室 2. 引导幼儿日常照料自然角，做好过程性记录与评价，根据体验项目组织激励评价	1. 创建环境：制作户外植物认领牌，布置自然角环境，搭建体验室 2. 引导幼儿日常照料自然角，做好过程性记录与评价，根据体验项目组织激励评价 3. 引导幼儿服务他人并积极参与劳作活动	1. 创设种植区域，分设观赏区、种植区、试验区、养殖区等 2. 定期预约园丁和养殖人员，协助幼儿参与种植活动

续　表

活动内容	保教人员操作提示			园方支持
	小　班	中　班	大　班	
争当升旗手： 轮到自己班级升旗值日时，有权申请做升旗手	1. 以周轮和班轮方式开展升旗仪式活动 2. 组织幼儿预约报名担任升旗手			无
运动我做主： 1. 在哪儿玩、和谁一起玩，自行决定 2. 玩多久，要不要换场地，自行决定	1. 每周三、周四，引导幼儿参加户外区域混班活动 2. 教师定点观察与指导	1. 每周三、周四，引导幼儿参加户外区域混龄混班活动 2. 教师定点观察与指导 3. 教师收齐标识圈		1. 提供不同颜色的袖章，区分体弱、好动幼儿，便于教师观察与指导 2. 分配给各区域不同颜色的标识圈，以便了解幼儿的参与情况
体育游戏我来选 1. 有权提出想玩的体育游戏 2. 通过投票、摸奖、大转盘等方式，选择自己想要玩的体育游戏	不参与	1. 在组织体育游戏前或后，预留5分钟给幼儿选择自己想玩的体育游戏 2. 当幼儿对游戏内容各有主张时，采取一定方法满足大多数幼儿或者特殊幼儿玩游戏的意愿		无
个别化我做主： 基于幼儿的兴趣、热点话题等，形成1个及以上班本化个别化学习内容	1. 提供1个及以上场地给幼儿发起活动 2. 师幼共建个别化学习场景，包括环境、材料、人文资源等 3. 将幼儿生成的学习过程性痕迹保留下来，如计划、行动、评价、反思等。			无
我的课堂我做主： 基于幼儿的兴趣和需求，确定班本化主题活动	1. 基于幼儿的个性化需求，填写班本化主题活动审批表，对目标、资源等进行全盘考量 2. 根据园方审批建议，和幼儿一起共建课堂内容 3. 教师引导中大班幼儿按需主动与其他班级协调场地使用			1. 对园方审批活动的操作性，给予建设性意见 2. 幼儿园各类场地向各班幼儿开放
我的游戏我做主： 1. 以班级为单位，开展户外游戏活动 2. 角色游戏、建构游戏、表演游戏、沙水游戏均可在户外开展，师幼共建游戏主题、内容和材料	1. 允许幼儿自主选择游戏场地 2. 各班可在对应游戏活动区域内收集班本化材料 3. 不固定游戏场地、材料，满足幼儿的兴趣和需求，并根据实际情况进行调整 4. 教师用照片、视频记录幼儿的游戏过程，并进行观察与识别			1. 提供弹性空间信息，支持班级根据实际需求调整 2. 保留班级个性材料区域，便于幼儿拿取需要的材料

第六章 "小主人"课程实施策略、评价与保障

为确保"小主人"课程高效推进,我们研究了一套系统化的实施策略,以满足幼儿的兴趣和需求。同时,我们对"小主人"课程实施进行了全方位的保障,以评价机制确保教学成效的及时反馈与调整,以弹性机制灵活应对教育场景的多变性,以全员联动机制促进家园、师幼间的紧密合作,以共享机制实现教育资源的优化配置,以激励机制激发师幼的参与热情与创造力。这一系列举措共同构成了"小主人"课程实施的坚实后盾,为课程的成功落地与幼儿的全面发展提供了有力支撑。

第一节 实 施 策 略

基于实践,我们形成了三个实施策略和六种具体操作方法,高效推进"小主人"课程实施。

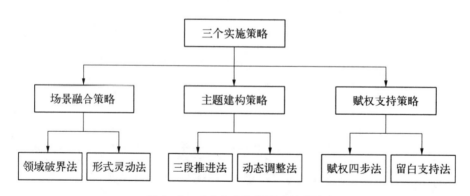

图6-1 "小主人"课程实施策略

一、场景融合策略

场景融合策略是指在课程实施中,教师按课程实施的需要,融合多个有关联的教育场景,选择适宜幼儿的活动方式,让幼儿在打破领域边界的情境中获得多种经验,具体包括领域破界法和形式灵动法。

(一)领域破界法

领域破界法是指挖掘有关联的多个教育场景的多种价值,并通过一个活动或一系列活动来打破传统领域边界,实现价值的自然融合与最大化展现。领域破界法适用于具有

内在关联性或共通性的教育场景。

1. 活动内部破界

以大班"我是嘉定'小主人'"生成性主题活动为例,在"实地探秘嘉定""护城河的宣传计划"两个子活动中,通过实地参观嘉定区博物馆、城市规划馆及护城河,幼儿学习了历史、文化、地理、环境等多学科知识,观察了嘉定区的历史建筑特点,探讨了护城河的地貌、历史及未来规划,锻炼了跨学科的学习能力。随后,幼儿运用绘画、播报、建构、制作小报等多种艺术形式,宣传护城河,充分展现了语言表达能力和团队合作能力。可见,活动内部破界成功实现了多学科、多领域的有机融合,全方位促进了幼儿的观察力、创造力、语言表达力、社会责任感等多方面的发展。

图6-2 实地探秘博物馆

图6-3 参观护城河

图6-4 护城河的宣传计划

2. 不同活动间破界

除了活动内部破界外,在教学实践中,我们还打破不同活动间的边界,力求实现多个活动互融互通。以"小主人"体验项目中的"小厨师"和"小农夫"项目为例,我们在幼儿园里开辟了一米菜园,让幼儿自主分成小组,每组种植不同的蔬菜,并通过观察、记录、探究等方式,思考种植与自然环境的关系。接着,"小农夫"会把种植出来的蔬菜送给"小厨师",同时分享自己照料蔬菜的经历,"小厨师"也会邀请"小农夫"一起烹饪。在这个案例中,通过打破"小农夫"和"小厨师"两个项目的边界,幼儿的体验更加丰富多元,实践能力得到增强,视野得到拓宽。

图 6-5　采摘蔬菜　　　　　　　　　图 6-6　将蔬菜装盒

（二）形式灵动法

形式灵动法是指多个场景的自然融合需要灵动的组织形式，参访、演绎、讨论等都是不同的活动组织形式，适合不同的教育场景。

以中班"一顶小军帽的旅程"生成性主题活动为例，首先，活动以参访嘉定区烈士陵园为起点，将幼儿带入庄严肃穆的氛围中。通过实地观察和聆听解说，幼儿初步感知了革命历史的厚重。随后，活动组织形式灵活转换，通过照片回顾与讨论，激发了幼儿对革命故事和英雄人物的兴趣，进而延伸出家庭亲子阅读红色绘本、表演红色故事等多样化活动，形成了家园共育的良好氛围。接着，幼儿将户外活动区域变成野战场地，通过游戏重现红军长征场景，不仅锻炼了身体，更深化了对革命精神的理解。最后，在集体教学活动"红星闪闪"中，幼儿整合与分享前期积累的经验，并通过音乐、舞蹈等形式表达自己对红军长征的感悟，实现了知识的内化与迁移。

图 6-7　参访革命烈士史料陈列馆　　　　　图 6-8　布置红军长征场景

在整个活动过程中，形式灵动法得到了充分体现。参访、讨论、游戏、集体教学等多种活动组织形式自然融合，相互支撑，把不同的教育场景连接起来。这种灵活多变的活动组织形式，不仅激发了幼儿的学习兴趣，更促进了他们全面发展。

二、主题建构策略

主题建构策略是指聚焦一个特定的主题，并以班级作为实施的基本单位，通过整合与主题相关的人、事、物，构建一个立体、综合且动态的教育场景，旨在丰富幼儿的经验，具体包括三段推进法和动态调整法。

（一）三段推进法

三段推进法将活动分为计划与决策、探究与体验、分享与总结三个阶段，教师可以按需循环实施。

1. 计划与决策阶段

计划与决策阶段是活动的启动阶段，关键在于赋予幼儿决策权，培养其自主意识和能力。在此阶段，教师捕捉幼儿的兴趣和需求，寻找共鸣话题与幼儿商讨，并在商讨中结合活动的可行性和吸引力确定主题。在商讨过程中，教师注意营造自主平等的氛围，鼓励幼儿表达，记录讨论要点。随后，教师指导幼儿利用电子设备或家园共育等方式收集资料，提升幼儿自主学习能力。幼儿还需要对自己收集到的信息进行归纳整理，并与同伴交流，丰富经验。为此，教师需要提供充分的交流时间和平台，促进幼幼互动，确保计划与决策的有效性。

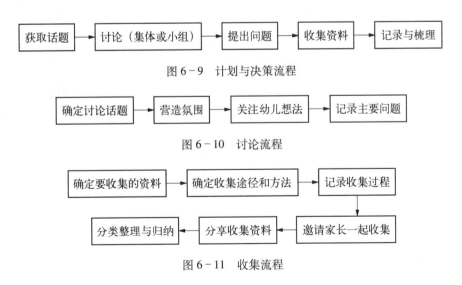

图 6-9　计划与决策流程

图 6-10　讨论流程

图 6-11　收集流程

2. 探究与体验阶段

在探究与体验阶段，教师先与幼儿制订探究计划，并根据幼儿的构想提供材料、学习空间与参访地点。在实地参访、调查记录过程中，教师引导幼儿记录他们的发现，并以图文形式展示他们的记录。针对幼儿的提问与假设，教师进一步提供材料让幼儿操作、验证、假设，深化探索。最后，教师鼓励幼儿通过多种形式展示探索成果，如绘画作品、故事书、海报等，这样既能展现学习痕迹，又能增强幼幼互动，共享探究乐趣与成果。

3. 分享与总结阶段

在分享阶段，教师营造积极氛围，鼓励幼儿分享新经验、好方法，促进同伴相互学习。在总结阶段，教师全面总结课程目标的达成度，开展多元评价，包括幼儿自评、同伴互评和教师评价，并提出合理建议，反思活动不足，展望后续活动。此过程不仅是对活动的梳理，更是促进幼儿社会性、合作性发展的契机。

（二）动态调整法

动态调整法基于幼儿一日生活中的兴趣、问题、年龄特点及个体差异，灵活调整学习资源与方式，打破传统课程的局限，强调师幼共建课程内容，丰富教育途径与价值，助力幼儿"四自"能力发展。

以"身边的AI"活动为例，起初，教师敏锐地捕捉到幼儿对智能小家电的兴趣，并借此机会组织分享和讨论，进一步激发幼儿的兴趣。教师鼓励幼儿将家中的智能小家电带到班级，为幼儿提供了一个真实、可触摸的学习环境，体现了教师对幼儿兴趣的顺应和对生活资源的灵活运用。在午睡环节，教师鼓励幼儿与天猫精灵互动，不仅满足了听睡前故事的需求，还引发了更多与智能设备的互动行为。在这个环节，教师没有拘泥于传统的讲故事方式，而是鼓励幼儿尝试多种互动方式，这体现了教师对幼儿探究行为的支持和对学习方式的灵活调整。

随着兴趣的发展，幼儿开始尝试设计发明自己的智能小家电。在这一过程中，教师提供了丰富的材料和充足的空间，满足幼儿探究、制作与创造的需求。同时，面对活动中出现的问题，如工具的使用、组装等，幼儿通过与同伴的协作、分享交流等，逐渐找到了解决方案。这一过程不仅锻炼了幼儿的合作和表达能力，还初步培养了他们发现和解决问题的能力。教师扮演着观察者、引领者和支持者的角色，动态调整教学策略，为幼儿提供了必要的帮助和指导。

三、赋权支持策略

赋权支持策略强调教师须尊重幼儿的主体地位及其主动发展的需求，将活动的选择权、决策权和实施权交给幼儿，并在此过程中提供充分的支持和引导，具体包括赋权四步法和留白支持法。

（一）赋权四步法

赋权四步法是指教师根据每个幼儿的学习需求和发展特点，提供个性化的教育支持的方法，具体包含收集、放权、支持、评价。这一方法的实施需要教师具备丰富的教育经验、敏锐的洞察力和整合多元教育场景的能力。

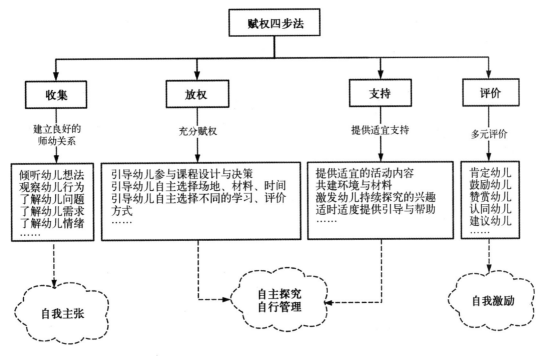

图 6-12　赋权四步法

1. 收集

在收集环节，教师须密切关注幼儿的想法、问题、需求、行为表现及情绪变化。通过积极倾听幼儿的想法，观察幼儿的行为，教师不仅能够与幼儿建立良好的师幼关系，还能更深入地了解幼儿，为后续的支持与引导做好充分准备。

2. 放权

幼儿是独立的，需要主动、自由与充分活动。基于此，我们收集幼儿主张后，引导幼儿参与设计与决策，让他们自主选择场地、材料、时间及不同的学习和评价方式，践行科学的儿童观，体现幼儿在课程实施中的主体地位。

3. 支持

在活动中，教师依据幼儿的问题与需求，精心创设学习与探索的环境，为幼儿的学习提供坚实的支撑。例如，教师根据幼儿的学习进展，灵活调整活动内容与环境设置，与幼儿共建环境和材料，激发幼儿持续探究的兴趣，并适时适度提供引导与帮助，以促进幼儿全面发展。

4. 评价

评价不仅是活动的总结，更是新学习旅程的起点。教师需要基于幼儿在活动中的表现，给幼儿多元的评价，如肯定、鼓励、赞赏、认同、建议等，同时鼓励幼儿进行自我评价。

赋权四步法有利于教师更好地了解和支持幼儿的学习和发展需求，为幼儿创造一个更加丰富、多元和自主的学习环境，培养他们的"四自"能力。

（二）留白支持法

留白支持法是指创设留白区域，让幼儿通过记录笔、录音设备来表达自己想做的事、求助的内容等。这有利于教师倾听幼儿的想法，看见幼儿的表现，避免对部分幼儿需求的忽视。

以中班"听说，秋天来过"活动为例，为了给幼儿更多表达表现的空间，我们运用留白支持法来开展活动，设置了录音板、分类记录表、环境留白墙、个性活动创设区等。

[案例]

听说，秋天来过

一、留白，彰显幼儿主张

10月的秋日，幼儿望着落叶，在录音板上留下对秋天的期待，由此开启探究之旅，于幼儿园旁小公园寻觅秋迹，从银杏叶黄到枫叶红，亲身感受季节的变换。我们鼓励幼儿自主收集秋天的物品，并举办"秋天的口袋"分享会。紫藤架下，幼儿展示收集的物品，并按种类、大小、颜色、形状、感官体验等对物品进行分类。

图 6-13 分享收集的物品　　　　　图 6-14 对收集的物品进行分类

二、 留白，赋予幼儿行动权

在秋天的探究之旅中，幼儿收集物品并用于装扮"秋天的口袋"。 他们不仅用口袋中的物品装扮教室，还主动走出户外，实地考察秋天的昆虫，比较其特征，并改造自然角，进行室内饲养。 在饲养与照料的过程中，幼儿有了新问题与新发现，并将自己的问题与发现记录下来，展示在环境中。

图6-15 共同装扮"秋天的口袋"

图6-16 作品：秋天的口袋

图6-17 装扮教室墙面

图6-18 "多彩秋天"墙面环境

图6-19 用放大镜寻找秋虫

图6-20 记录秋虫的特点

图6-21　自然角养殖区

图6-22　评价会

三、留白，焕发幼儿热情

活动尾声，我们与幼儿回顾了活动的精彩瞬间，听取了他们的反馈。幼儿分享了各自的高光时刻，如装扮教室、勇敢捉虫等，并提出了新想法，如制作树叶标本、树叶船、树叶相框等，展现了他们对自然与创作的热爱。

图6-23　制作树叶标本

图6-24　玩树叶游戏

图 6-25 落叶归根

图 6-26 树叶相框合影

在上述案例中,我们巧妙地运用留白支持法,激发幼儿主动探究与表达的兴趣。在活动开始阶段,我们设置录音板,收集幼儿对秋天的初步感知。在秋天物品收集环节,我们鼓励幼儿自主决定收集的内容,并用分类记录表记录分类方法。紫藤架下的环境留白墙成为幼儿展示收集物、讲述秋天故事的舞台。另外,个性活动创设区便于幼儿基于兴趣提出新想法,如制作树叶标本、树叶船等。活动尾声,我们再次运用留白支持法,让幼儿分享高光时刻与新想法,积累后续活动的灵感。留白支持法让我们更好地倾听幼儿的声音,激发了幼儿无限的探究欲与创造力,让秋天探究之旅充满生机。

第二节 实 施 评 价

2020 年,中共中央、国务院印发的《深化新时代教育评价改革总体方案》明确完善幼儿园评价,聚焦科学保教与规范办园。2022 年,教育部印发的《幼儿园保育教育质量评估指南》进一步强化评估结果运用,倡导科学保育教育理念。评价改革在幼儿园课程建设中至关重要,是优化课程、确保品质、促进实践精进的关键。本节探讨的"小主人"课程评价包括幼儿、教师、课程三方面的全面评价,旨在通过科学、适宜的评价手段,为建构高质量的"小主人"课程提供有力保障。

一、评价原则

我们始终坚持"双主体"原则、过程性原则、差异性原则和发展性原则,确保评价既全面又科学,既关注幼儿的当前表现又着眼于幼儿的长远发展,为每个幼儿的个性化成长提供坚实的支持与保障。

(一)"双主体"原则

在"小主人"课程实施评价中,我们秉持"双主体"原则,将幼儿与教师均视为评价主体，既关注幼儿的学习体验与成长，又重视教师在师幼共建课程中的反思能力。我们根据幼儿的兴趣和需求，动态调整课程内容，鼓励他们在活动中多次参与评价，自主表达感受。同时，教师也作为评价主体，不仅评价幼儿，还参与课程实施评价。通过自评、组评、园评，教师得以了解自己在课程实施中的优势与不足，从而持续提升专业能力。"双主体"原则不仅促进了幼儿与教师的共同发展，也为建构和谐的师幼关系奠定了坚实基础。

（二）过程性原则

《3—6岁儿童学习与发展指南》明确指出，幼儿的发展是一个持续、渐进的过程。在这一理念指导下，我们为幼儿打造了一系列连贯、动态且互动性强的课程活动。过程性原则的核心在于重视过程而非结果，视幼儿的发展为一个不断演进的过程，避免以单一的成果来评判。因此，在课程实施评价中，我们可能进行一次性评价，也可能进行多次连续的过程性评价。在评价中，我们尤为关注幼儿在活动过程中的参与度、个人体验及成长轨迹，细致评价他们在活动中的成长。同时，我们也审视教师所提供的课程支持是否有效促进了幼儿的学习与发展。

过程性原则超越了对幼儿当前表现的关注，深入了解他们在整个过程中的发展与变化。多次的过程性评价能更直观、更全面地展现幼儿的真实发展水平，以及课程实施的实际效果，为后续的活动调整与优化提供了有力依据。

（三）差异性原则

差异性原则强调尊重每个幼儿的独特性与多元化发展。在"小主人"课程实施中，针对幼儿不同的年龄段特点和发展水平，我们灵活调整评价策略，确保评价助力幼儿成长。同时，基于幼儿兴趣的多样性，我们设计丰富的评价内容，以激发幼儿的积极性。对自评、他评有困难的幼儿，我们制订个性化评价方案，帮助他们自我认知与成长。

（四）发展性原则

发展性原则着眼于幼儿的发展过程，而非幼儿当前的状态。这一原则体现在评价的动态性和连续性上。动态性评价关注幼儿在不同阶段的认知、能力和情感变化，通过持续观察，捕捉幼儿的成长轨迹，为后续课程提供动态调整的依据。连续性评价贯穿活动的始终，有利于教师深入了解幼儿发展的脉络，为制订课程实施策略提供有力支撑。总之，发展性原则强调以幼儿的发展为核心，通过动态、连续的评价方式，为幼儿的未来发展提供科学参考。

二、评价内容

幼儿发展评价是一个多维度、综合性的评估体系。我们聚焦幼儿的认知、能力和情感三大核心领域，并紧密结合《上海市幼儿园办园质量评价指南（试行稿）》内容和"小主人"课程"四自"培养目标，形成了"'小主人'课程幼儿表现行为评价表。

表6-1 "小主人"课程幼儿表现行为评价表

维度		表现行为1	表现行为3	表现行为5
自我主张	具有兴趣和想法	愿意与熟悉的人说感兴趣的话题	主动与他人交流感兴趣的话题	乐于参与或引发感兴趣的话题讨论
		能按自己的兴趣选择活动	能按自己的想法进行活动	能主动发起活动，在活动中积极表达自己的想法，并努力坚持完成
	听懂后用语言表达自己的想法	听懂活动的话题，能用语言表达自己的想法	能用较清晰、完整的语言表达自己的想法	能用连贯、清晰的语言讲述自己的想法
	用多元方法表达想法	借助动作、表情、简单图画、符号表达自己的想法	能用动作、图画、符号表达自己的想法	能用图画、符号、简单的文字表达自己的想法，需要时能解释、补充、调整自己的想法
自主探究	喜欢探究	喜欢参与感兴趣的活动，好奇好问	喜欢接触新事物，有自主探究的意愿	乐于在探究中发现问题，寻找答案，对探究过程感到高兴和满足
	用多种方法探究体验事物与现象	能仔细观察自己感兴趣的事物，发现其明显的特征	能观察、比较事物的异同，发现其明显特征，并简单描述	能在观察比较与分析的基础上，发现并描述事物的特征、变化及相互关系
		能用多种感官或动作探究事物与现象	运用已有的经验猜测、收集相关的信息，尝试用自己喜欢的方式表征记录	能与同伴合作制订计划，收集信息，并尝试多途径寻找问题的解决方法
	在主动探究中认识事物与现象	认识常见的简单工具与材料，在引导下，能基本学会使用和操作工具及材料	在引导下，能使用常见的工具和材料进行探究与操作	能自主选择并使用常见的工具与材料，并用自己的方式进行操作与探究
		能初步感知和发现事物与现象的基本特性	能感知和发现事物与现象及人类生活之间的关系	能探索和发现现象产生的条件、影响因素等，认识到爱护环境的重要性

维　度		表现行为 1	表现行为 3	表现行为 5
自行管理	有物品管理的意识和方法	能区分自己与他人的物品，在提醒下，能收拾自己的物品和玩具	能将用好的物品及时归位，尝试整理与清洗，保持整洁	能爱护自己、别人和集体的物品，并能分类收拾、清洁整理好自己使用过的物品
	有一定的时间意识，能尝试安排和管理时间	在提醒下，能按时参与各类活动内容	能尝试计划自己的时间和活动内容	能比较合理地计划并安排好自己的时间和活动内容
	了解并学会自我保护的方法	在提醒下，有初步安全使用各类工具与材料的意识	基本了解活动中安全使用各类工具与材料的方法	能安全并较熟练地使用厨具、订书机、锤子等简单工具
		在提醒下，能不做危险的事	能主动躲避危险	能识别危险，不给自己与他人造成危险，有自我保护的办法
自我激励	知道自己与他人的想法、活动方式的不同，接纳自我与他人	了解并能向他人表达自己的需求和感受	能主动表达自己的需求，乐意了解他人的想法或建议，并尝试理解和接纳	能描述自己与他人想法、建议的异同，接纳他人的合理意见
		在引导下，能了解自己与他人的想法	能了解自己与他人的想法、活动方式的不同，并用喜欢的方式表达	表达自己对事物或他人的看法时，能说出理由，并坚持自己的想法
	愿意尝试挑战有一定难度的任务或活动	在引导下，愿意挑战有一定难度的任务或活动，并为取得的成果感到高兴	愿意挑战有一定难度的任务或活动，并能在鼓励下进一步挑战	敢于挑战有一定难度的任务或活动，取得好的成果时还想做得更好，遇到困难时能用自己的方式来克服困难
	能用多种方式对自己或他人进行评价	在引导下，理解简单的评价方式，乐于参与评价	感受多元评价方式，能用自己喜欢的方式进行独立评价，进一步认识自我；当他人评价与自我评价不一致时，能清楚地表达自己的理由与想法	能运用图案、符号、媒体、工具等多种方式多角度评价自己与他人，能在评价中形成对自己、他人或事物的看法与认识

　　我们以"表现行为"作为评价幼儿发展的标尺，设计了从"表现行为 1"至"表现行为 5"的递进序列。当幼儿已稳固达到"表现行为 1"的水平，但尚未达到"表现行为 3"的水平时，我们认定其正处于"表现行为 2"的水平（这种方法同样适用于对"表现行为 4"的判定）。需要强调的是，这些表现行为并非严格对应幼儿的 3—4 岁、4—5 岁、5—6

岁等特定年龄段，而是依据幼儿发展的普遍规律和阶段性特征提炼出典型的表现行为。

此评价表不仅为制订针对性的个性化发展策略提供了坚实的支撑，还极大地促进了课程的灵活实施与深度整合。通过细致地观察幼儿的表现行为，教师能够更准确地识别幼儿的发展需求，进而调整教学内容与方法，确保每个幼儿都能在适合自己的节奏下获得最佳的学习与发展体验。

三、评价方法

为了更好地评价"四自"目标达成情况，我们引入 CIPP 模型评价法，用于幼儿的自主评价；引入 PDEA 模型评价法，用于教师、家长评价。

（一）CIPP 模型评价法

1. CIPP 模型评价法的界定

CIPP 模型由斯塔弗尔比姆（Stufflebeam）提出，认为评价最重要的意图不是证明，而是改进，强调评价对象自主控制、自主管理、自主发展的过程，由背景评价（context evaluation）、输入评价（input evaluation）、过程评价（process evaluation）和结果评价（product evaluation）四个环节组成。

2. CIPP 模型评价法的应用

在幼儿自主评价中，我们引入 CIPP 模型评价法，建立了"小主人"课程自主评价模型图。

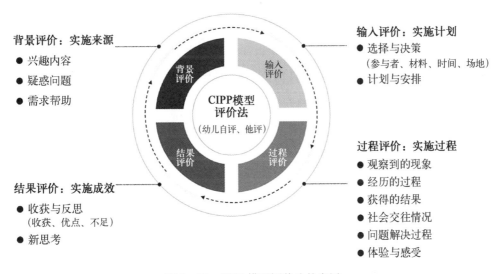

图 6-27　CIPP 模型评价法的应用

（1）背景评价：幼儿参与兴趣、问题与需求的评价

背景评价重点关注幼儿兴趣、问题与需求的评价。幼儿通过记录、谈话等方式自主

评价，教师则分析幼儿的学习动机、发展水平及场景资源，和幼儿共同确定活动内容，并明确幼儿可能从中获得的发展机会，为后续计划提供依据。

表6-2 CIPP 模型评价法之背景评价指标和依据

评 价 指 标		依 据
兴趣	想……	《上海市幼儿园办园质量评价指南（试行稿）》和"'小主人'课程幼儿表现行为评价表"
问题	为什么……	
需求	需要……	

（2）输入评价：幼儿参与决策与计划的评价

输入评价注重幼儿参与决策与计划。幼儿通过投票、制订计划等方式自主评价，与教师共同制订活动计划，共同选择材料，共同布置教育场景。

表6-3 CIPP 模型评价法之输入评价指标和依据

评 价 指 标		依 据
决策	想邀请…… 想在…… 需要……	《上海市幼儿园办园质量评价指南（试行稿）》和"'小主人'课程幼儿表现行为评价表"
计划	计划……	

（3）过程评价：幼儿参与学习与体验的评价

过程评价可以帮助幼儿围绕知识、能力和情感三个方面，通过记录表征、分享的方式进行自主评价。首先，幼儿对活动过程中观察到的现象、经历的过程、获得的结果、社会交往情况、问题解决过程、体验与感受等进行自主评价。其次，教师对幼儿的过程评价进行识别与分析，关注幼儿的差异及整体发展，以便给幼儿个性化支持。

表6-4 CIPP 模型评价法之过程评价指标和依据

评 价 指 标		依 据
观察到的现象 经历的过程 获得的结果	发现…… 是……做的 获得……	《上海市幼儿园办园质量评价指南（试行稿）》和"'小主人'课程幼儿表现行为评价表"
社会交往情况 问题解决过程	和同伴…… 面对困难……	
体验与感受	感觉……	

（4）结果评价：幼儿参与收获与不足的评价

结果评价直接反映幼儿的发展水平变化。首先，教师与幼儿共同回顾活动过程，幼儿自主评价自己的收获与不足，教师则负责引导与整理。其次，教师收集幼儿新的需求，分析这些需求对幼儿未来可持续发展的价值。再次，教师激发幼儿继续参与活动的热情。结果评价目的并非对幼儿当前水平做出简单判定，而是推动活动不断优化，助力幼儿实现更全面、更长远的发展，确保教育效果的持续性和深远性。

表6-5　CIPP模型评价法之结果评价指标和内容

评 价 指 标		依　　据
收获	获得…… 表现得…… 为同伴点赞……	《上海市幼儿园办园质量评价指南（试行稿）》和"'小主人'课程幼儿表现行为评价表"
不足	还想做…… 还可以更好……	

CIPP模型评价法的四个环节紧密结合，相辅相成，使幼儿的自主评价更注重过程，也更加全面。下面以"小厨师"项目为例。

[案例]

幼儿园里的"小厨师"

一、背景评价：食材来源

随着"小厨师"项目的开展，幼儿在兴趣高涨的同时发现了新问题："我们想要炒菜，可是菜从哪里来呢？"于是，有的幼儿从家里带来了几棵青菜。"可是，这么一点青菜，根本不够。""我家里没有菜，我也很想做'小厨师'。"在"我想做'小厨师'"和

图6-28　食材来源记录

"食材从哪里来"的兴趣与问题驱动下，幼儿记录自己的想法：可以自带食材，可以去食堂问问有没有食材，可以拿幼儿园小菜园里的菜来炒。

二、输入评价：我们的菜谱

通过自带食材和从幼儿园食堂征集食材相结合的方式，幼儿解决了食材问题。面对这些食材，到底要做什么菜呢？佳昕发现妈妈炒菜时把青椒切成丝，于是也决定把从家里带来的青椒和食堂小王叔叔给的茭白切成丝，并用油来炒。

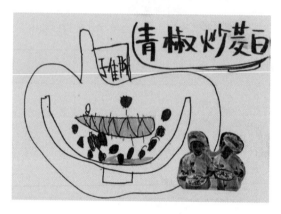

图6-29　青椒炒茭白

三、过程评价：炒菜出锅了

佳昕、彤彤和一一结伴炒菜。佳昕用平板电脑将炒好的菜拍成照片。

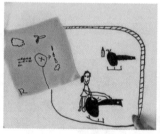

图6-30　记录炒菜过程

四、结果评价：菜品改良

炒菜出锅了，佳昕和同伴将炒菜分成几盘，一盘留给自己，其他的分给班级其他同伴。于是，幼儿的自评和他评就此展开。

自评：青椒切成丝比较好吃；有的菜切得大小不均匀，需要切得再整齐和小一点；今天准备的食材还剩了一点没炒完。

他评：炒的菜有点硬，加点水，盖上盖子多焖一会儿，菜就软了；这个菜没有味道，不太入味；炒菜时，油多油少没控制好。

图 6-31 "小厨师"自评和他评

在本案例中，在背景评价环节，幼儿意识到缺乏食材的问题，提出了多种解决方案；在输入评价环节，幼儿根据现有的食材确定了菜谱，并学习了基本的烹饪技巧；在过程评价环节，幼儿详细记录了炒菜的过程，包括食材准备、烹饪步骤等，展现了细致的观察力；在结果评价环节，幼儿进行了自评和他评，指出了菜品的问题，如切得不够均匀、口感偏硬等，并提出了加水焖煮、调整调料等改进建议。通过 CIPP 模型评价法的运用，幼儿不仅学会了炒菜技能，还培养了解决问题和自我反思的能力，实现了全面发展。

[案例]

多元化表征墙

一、背景评价：我也想说一说

在游戏分享的过程中，幼儿都表示想介绍自己的游戏，但由于时间有限，只有少部分幼儿有分享的机会。

教师思考：以往的分享都是按照固定的模式进行的，幼儿的参与度、自主性、表达能力都会受到限制，而且分享的时间比较短，多数幼儿是倾听者。教师则充当分享者与倾听者之间的桥梁，而这样的桥梁并不能满足每个幼儿分享的需求。

二、输入评价：分享好方法

就此困惑，我们开展了"游戏，我想说……"的讨论。

幼儿1：这一次没有机会分享，可以等下一次再分享。

幼儿2：轮流分享。

幼儿3：可以早点开始分享，这样分享的时间就会长一点。

图 6-32　分享好方法

幼儿3：可以请家长或老师把我们开心的事用录音机或手机录下来。

幼儿4：分享时，每人说一件开心事。

幼儿5：把开心事拍下来给大家看。

…………

教师思考：每个幼儿都有分享的愿望，我们应该把权利交给幼儿，让每个幼儿都能根据自己的需求选择不同的形式进行分享。

三、过程评价：多元化表征墙的运用

多元化表征墙的出现让幼儿热衷于不同方式的表达。在认真倾听幼儿的讲述后，我们发现，有的幼儿讲述的是之前游戏中的开心事，有的幼儿讲述的是准备开始的游戏及自己需要的材料，有的幼儿讲述的是自己在游戏中的情绪、情感。不同于游戏后的集中分享，幼儿可以在任何自由时间段进行分享，如在吃好点心后、自由活动中、喝水后等。

幼儿1：我用积木造了一个厨房，还可以烧饭。

幼儿2：我用 iPad 把我画的水墨画拍下来了，这样大家都能看到我画的画了。

幼儿3：今天好多小客人来我的饭店，我觉得太高兴了。

幼儿4：我们把树桩叠起来，做了一个超级大蛋糕。

…………

每次游戏后，幼儿会自己选择记录方式进行记录，如有的用画画记录，有的用拍照记录，有的用语音记录。

图 6-33　用语音记录游戏

教师思考：首先，赋权的目的是让幼儿有一定的权利，可以做想做的事情，满足不同幼儿的需求。每个幼儿都是独一无二的个体，单一的分享形式无法满足所有幼儿的需求，我们需要为幼儿提供多元化的分享形式，顺应幼儿的需求，促进幼儿的成长。其次，在幼儿完成录音后，教师、同伴可以进行点赞或评价，让多元化表征墙成为班级中的"朋友圈"。

四、结果评价：最喜欢的表征方式

在多元化表征方式支持下，幼儿能选择自己喜欢的方式进行分享，如画画、拍照、语

图 6-34 用 iPad 拍照记录游戏

音等,同时也对多元化表征墙提出自己的想法。

幼 1:我很喜欢语音墙,因为可以听到大家的分享。

幼 2:我喜欢用 iPad 将喜欢的东西拍下来。

幼 3:我觉得语音墙的录音时间有点短,如果可以录更长一点就好了。

…………

教师思考:赋予幼儿分享的权利,大大增强了幼儿分享的愿望和自主性。

[案例]

值日明星榜

一、背景评价:值日生怎么不见了

教室里的玩具没有放整齐,室内运动后桌椅没人及时整理,地上经常会出现小垃圾无人清理……值日生怎么不见了?是幼儿对值日生工作厌倦了,还是教师的督促不到位呢?这日渐乱糟糟的环境和无人问津的值日生工作引起了我们的思考。于是,我们利用自由活动时间,采访了几个幼儿。

教师:什么是值日生呢?

幼儿 1:值日生是让班级变得干净的人。

幼儿 2:值日生可以帮助教师和小朋友。

幼儿 3:值日生的工作就是打扫卫生。

幼儿 4:值日生是教师的小帮手,提醒小朋友养成好习惯。

教师:为什么要有值日生呢?

幼儿 5:因为教室太大,老师忙不过来。

幼儿 6:因为要让教室变得整洁,这样我们在教室里会感觉比较舒服。

幼儿7：当值日生可以锻炼我们的劳动能力，让我们变成小巧手。

教师思考：看来，幼儿对值日生的理解是帮助教师打扫卫生，让教室变干净，从中学会劳动技能。可见，幼儿对值日生的任务意识不强烈，自行管理能力较弱。于是，我们为幼儿创设了"值日明星榜"，让幼儿自主选择每周轮值的时间。

图6-35 根据"值日星计划表"自主评价

二、输入评价：制订值日计划

我们重新规范了值日生工作，制订"值日星计划表"。幼儿在"值日星计划表"中可以自主选择值日的地点，并根据自己完成的值日生工作进行自我评价。在"值日星计划表"的驱动下，幼儿认识到值日生的职责。

教师思考：经过一段时间的观察，我们发现，幼儿喜欢和"值日星计划表"互动。每天早晨，幼儿自主制订"值日星计划表"。到了下午离园时，幼儿会根据一天的值日情况画爱心进行自我评价。针对爱心数量少的幼儿，我们通过一对一倾听，了解他们做得不够好的地方。在明确分工后，值日生各司其职，不仅提高了工作效率，而且出现问题也会及时找到对此负责的幼儿。可见，幼儿不喜欢值日的原因主要是没有一起制订值日计划。在参与制订"值日星计划表"后，幼儿明确了自身的任务并做好值日生工作。

三、过程评价：值日星评选

每周的值日星评选是幼儿最期待的时刻。每组幼儿都会拿着自己的"值日星计划表"讲述自己担任值日生所做的工作及感悟与想法，并对自己的值日生工作进行评价。

幼儿1：我总是和欣欣两个人把椅子都摆好，等小朋友来吃饭，但有时候会将人数数错。

幼儿2：每次吃好点心和午饭，我都把地扫得很干净，老师还表扬了我。

幼儿3：擦桌子有点难度。

幼儿4：我能在小朋友进厕所前就站好岗位，提醒小朋友将水龙头的水开小一些，并用毛巾将水渍擦干。

同伴听了介绍后，对每组的值日生进行评价，并用投票的方式选出最佳值日生组。

值日生组里的值日生就是大家评选出的值日星。

教师思考：在"值日星计划表"的驱动和值日星评选的激励下，幼儿对值日生工作的热情高了许多，喜欢讨论值日生工作，并逐渐有了评价的意识。在自评过程中，幼儿能看到自己的问题，也能发现自己需要改进的地方。在同伴互评中，幼儿善于给同伴积极、正面的评价。在良好的氛围中，幼儿建立了为同伴、为班级服务的意识，也为自己能做好值日生工作感到骄傲。

四、结果评价：我想为你点赞

过了一段时间，我们发现，幼儿又进入"三天打鱼两天晒网"的状态。

教师思考：从为什么要有值日生、值日生不喜欢值日的原因角度思考，我们发现，一直都是我们在一心一意地为幼儿打造环境，却从来没有赋权幼儿，让他们打造自己的环境。幼儿不喜欢值日的根源是没有真正成为环境的主人。于是，我们又有了新思路，要让幼儿成为班级环境真正的主人。

图 6-36 环境改造计划

一系列的商讨后，幼儿根据设计图开始自主改造班级环境。对通过自己的努力改造后的区域，幼儿去的次数明显增加了，而且也能自觉维护区域里的环境。在分享中，"喜欢""点赞""很棒"出现在幼儿的评价中，大家都找到同伴设计好的地方，并给予积极评价，让大家增强了成功感和自豪感，逐渐养成自理习惯。

（二）PDEA 模型评价法

1. PDEA 模型评价法的界定

PDEA 模型评价法是 PDCA 模型评价法的改良版。PDCA 模型评价法最早是由美国质量管理专家沃特·阿曼德·休哈特（Walter A. Shewhart）提出的，经威廉·爱德华兹·戴明（W. Edwards Deming）普及，包含计划（plan）、执行（do）、检查（check）和改进

（advance）四个阶段。

PDCA 模型评价法中的 C（check）强调的是评定结果与计划的偏差并找出原因。在实际应用过程中，为响应教育评价改革，我们强调评价过程，将 check 优化为 evaluate。由此，基于 PDCA 模型评价法，我们形成了更凸显过程评价的 PDEA 模型评价法，以推进课程动态调整。

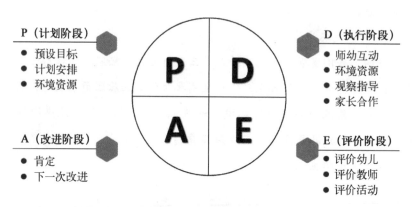

图 6-37　PDEA 模型评价法

2. PDEA 模型评价法的应用

（1）活动前的应用

活动前的应用对应的是 PDEA 模型评价法之计划阶段，评价指标包括预设目标、计划安排及环境资源，以静态评价为主。

表 6-6　PDEA 模型评价法之计划阶段评价指标和内容

评价指标	内　　　容
预设目标	1. 是否有助于幼儿获得知识、能力、情感等多方面发展 2. 是否能促进幼儿整体发展、差异发展和持续发展 3. 是否既尊重幼儿已有的经验、当前的兴趣，又具有发展性、挑战性
计划安排	1. 是否能围绕主题，师幼共建活动内容 2. 是否能为每个幼儿提供多样化的活动体验 3. 是否能根据幼儿的兴趣和需求调整活动内容及时间
环境资源	1. 是否能共同收集环境资源，布置教育场景 2. 是否能开发和利用环境资源，拓展幼儿园内外实践活动

（2）活动中的应用

活动中的应用对应的是 PDEA 模型评价法之执行阶段，评价指标包括师幼互动、环境资源、观察指导和家长合作，以动态评价为主。

表6-7 PDEA模型评价法之执行阶段评价指标和内容

评价指标	内 容
师幼互动	1. 是否能建立平等、信任的师幼关系，并支持幼儿的想法与需求 2. 是否能在观察的基础上分享幼儿活动过程 3. 是否能及时支持幼儿生成及发起的活动 4. 是否能支持幼儿个性化发展 5. 当幼儿发生矛盾时，是否能介入并支持矛盾的解决
环境资源	1. 是否能合理运用教育场景 2. 环境资源是否具备开放性、整合性、挑战性
观察指导	1. 是否能观察每个幼儿的发展情况 2. 是否能跟进观察，提供合适的支持
家长合作	1. 共同收集活动材料的情况 2. 家长的育儿观、参与活动的情况 3. 是否有效整合家长资源，丰富活动内容

（3）活动后的应用

活动后的应用对应的是PDEA模型评价法之评价阶段和改进阶段，以动态评价为主。其中，评价阶段的评价指标包括评价幼儿、评价教师和评价活动。

表6-8 PDEA模型评价法之评价阶段评价指标和内容

评价指标	内 容
评价幼儿	1. 幼儿的认知、能力和情感的发展情况 2. 幼儿的自评和他评情况
评价教师	1. 教师课程设计与领导能力情况 2. 教师资源整合能力情况 3. 教师观察幼儿和自我反思能力情况
评价活动	1. 活动目标达成度情况 2. 活动的组织与安排、资源保障情况 3. 活动下一步改进情况

[案例]

小主人议事厅

进入中班后，随着幼儿物品的增多，抽屉变得杂乱无章。为此，我们启动了"整理抽屉"活动。

一、第一次议事

当看了抽屉现状的图片后，幼儿纷纷表示："这些抽屉好乱啊。"顺着他们的感受，我便问："这样的抽屉，你们喜欢吗？你们觉得整理抽屉重要吗？"幼儿都觉得整理抽屉是一件重要的事，于是我接着问："你们觉得要怎样整理抽屉？"

幼儿1：把揉成一团的纸铺开压平并和其他纸放在一起，把笔放回笔盒里。

幼儿2：不要的纸，可以将其扔入垃圾桶里。

幼儿3：可以将抽屉里的塑料袋折叠好。

幼儿4：可以将歪歪扭扭的纸放平。

于是，我顺应幼儿的需求，让他们尝试用这些方法整理自己的抽屉。

二、第二次议事

虽然整理了抽屉，但我发现幼儿找东西仍显困难。于是，我再次组织讨论："抽屉里东西乱滚，怎么办？"有的幼儿建议站立放置彩泥和炫彩棒筒，但尝试后问题未解。为寻找解决的办法，我们参观了幼儿园各处整理方式：二楼走廊处按绘本分类，洗手池边按班级标签整理。回到班级后，我引导幼儿讨论："有没有发现整理抽屉的好方法？"幼儿纷纷表示：用盒子装滚动的物品，用标签来分类，相同物品放在一个盒子中……

三、第三次议事

又过了一段时间，正当我以为幼儿已经解决了整理抽屉这件事时，他们的抽屉又变得杂乱无章。观察后，我发现问题主要在于大画纸直接平放导致取物不便，用过的物品随意放置，以及频繁取物而不整理。于是，我组织幼儿再次讨论："有什么办法能让我们一直记得整理抽屉并坚持下去呢？"

幼儿1：可以让值日生检查大家的抽屉。

幼儿2：可以用小棒投票，由小棒的多少来说明抽屉的整洁程度。

我接着问："那什么样的抽屉算是整洁的？什么时候检查呢？"幼儿纷纷发表意见，最终我们通过投票决定：每周一、周三、周五，由值日生按照之前讨论的整理标准进行检查。随着值日生变身抽屉检查员，幼儿的抽屉保持整洁的时间越来越长。

在本案例中，教师巧妙运用了 PDEA 模型评价法对幼儿和活动进行了全方位的评价。活动前，教师预设了整理抽屉的目标，精心计划并创设了"小主人议事厅"的环境，利用抽屉现状的照片激发幼儿的兴趣，体现了对环境资源的有效利用。活动中，教师通过师幼互动，动态评估幼儿整理抽屉的想法与尝试，引导幼儿观察幼儿园其他区域的整理方式，促进了幼儿间的交流与学习，展现了良好的师幼关系和个性化支持。活动后，教师关注幼儿整理抽屉习惯的持续养成，通过值日生检查和投票机制，动态评价幼儿整理抽屉的成效，并据此调整策略，确保了活动目标的达成，体现了教师的课程领导力与反思力，有效促进了幼儿自我管理能力的提升。

[案例]

消防员叔叔的一天

一、计划与参访

一次，在进行安全教育时，教师告诉幼儿消防栓的作用和消防员的工作。幼儿听了非常感兴趣，问了很多关于消防员的问题。幼儿天真的小脸上洋溢着求知的渴望，眼中闪烁着对消防员工作的无尽好奇。

幼儿1：消防员叔叔除了灭火，还干什么呀？

幼儿2：我知道消防员叔叔还可以救困在树上的猫。我有一次看到过。

幼儿3：消防员叔叔睡觉的房间是怎样的？

无论是小班幼儿还是中班幼儿，都非常羡慕消防员职业，于是我们开始了"消防员叔叔的一天"探究之旅。利用午休时间，师幼围坐在一起讨论对消防员职业的认识。幼儿争先恐后地发言，分享自己对消防员职业的认识。

教师：小班时，我们参观过消防站，如果我们再去一次消防站，你还想了解什么呢？

幼儿1：我想看消防员叔叔训练的样子。

幼儿2：消防员叔叔一定很厉害，我想看他们扑灭大火。

幼儿3：我想看消防员叔叔吃饭、睡觉的地方。

幼儿4：我还想去体验滑索。

为了更好地捕捉幼儿的兴趣和了解幼儿的想法，一方面，师幼共同制订小记者采访表——"消防员叔叔的一天"，将采访的问题记录下来；另一方面，教师梳理幼儿的想法，充分利用社区资源，与消防站沟通，确定参访的内容能涵盖消防员一天的工作和生活，以满足幼儿的愿望。幼儿带着期待与兴奋开始了这次特别的采访。采访消防站那一天，消防员叔叔的热情让幼儿倍感温暖。当他们穿着整齐的制服微笑着走过来时，幼儿立刻被我们生命和财产的守护者所吸引，都迫不及待地想采访。幼儿2人一组，开始了有趣的采访。

幼儿1：消防员叔叔，你们每天训练的地方在哪里？

消防员：那里的爬梯和攀岩墙就是我们每天训练的地方。

幼儿1：谢谢消防员叔叔。

幼儿2：消防员叔叔，你们每天都干什么呀？

消防员：我们每天会升旗、训练。如果哪里着火了，我们会出警。

幼儿2：你们吃饭和睡觉的地方在哪里呢？

消防员：跟着我一起来参观我们吃饭和睡觉的地方吧。

当消防员叔叔将他们的日常工作及背后不为人知的故事娓娓道来时，幼儿安静了下来，认真倾听，仔细观察，用心记录。看着消防员叔叔整齐的床被、整洁的餐厅，幼儿的眼睛闪着光，想象着自己也像消防员叔叔一样，勇敢地战斗在救火场上。看到幼儿认真记录的样子，教师的内心满是欣慰。通过这一过程，幼儿不仅真实地感受到消防员工作的不易，还在采访中学会了倾听与表达，萌发了对消防员叔叔的敬畏之情。

在参观结束返回幼儿园的路上，幼儿迫不及待地想与同伴分享自己的发现，教师借机组织开展了参观分享会。幼儿描述着他们所看到的消防员叔叔的日常用餐、睡觉、训练等场景。这样的互动不仅增强了幼儿的自信心，还锻炼了幼儿的表达与社会交往能力。活动结束后，教师与保育员一起进行活动评价，以此作为优化后续活动内容的依据。

表6-9　教师和保育员评价活动

序号	评价指标	教师评价	保育员评价
1	课程核心价值		
2	倾听幼儿想法		
3	场地采访材料		
4	幼儿兴趣支持		
5	师幼双向互动		

二、多元化表征：消防员叔叔的一天

为了鼓励幼儿将想法通过多元的方式表达出来，我们在班级里创设了个别化学习活动"消防员叔叔的一天"，投放了与消防员相关的视频、绘本及纸张和笔等材料。在进行个别化学习时，幼儿自主阅读与观看，纷纷拿起画笔描绘消防员叔叔一天的工作和生

图6-38　故事书《消防员叔叔的一天》

活，丰富对消防员的认知。基于幼儿能力的差异，教师鼓励幼儿选择合作或分组的形式共同完成故事书《消防员叔叔的一天》。这不仅是对幼儿学习成果的展示，更体现了幼儿自主探究、协作分享的学习过程。为了能丰富幼儿的经验，教师继续思考后续还可以开展哪些相关活动。

三、活动延伸

在一对一倾听中，教师感受到幼儿对消防员职业有着满满的敬意和感恩之情。他们会自主开展消防员灭火的游戏，将自己所观察的内容运用到游戏中，模拟消防员工作的场景。看着他们穿着消防服装奋勇扑火的样子，教师的内心充满了感动。

长大了，我也想当帅气的消防员。

消防员叔叔叠的被子太整齐了，我要向你们学习。

图6-39 自主绘画：我想对消防员叔叔说……

教师将活动中的幼儿照片发送至班级群中，邀请家长参与活动评价与反馈。家长对孩子的表现感到非常惊喜，纷纷赞扬孩子在活动中的主动性、创造性和团队合作精神。

表6-10 家长评价活动

序号	评价指标	家长评价
1	系列活动对孩子的作用	家长1：孩子能感受到消防员叔叔很辛苦，有感恩之情 家长2：孩子想当消防员，变得勇敢了
2	在生活中，引导孩子注意安全	家长1：孩子在外出活动时会寻找安全标志，并告知家长；遇到一些不认识的标识，也会询问家长 家长2：会买一些有关安全的绘本给孩子阅读

第三节 实施保障

为保障"小主人"课程实施的质量，我们还构建了四个保障机制，希望为幼儿提供更优质、更个性化的体验。

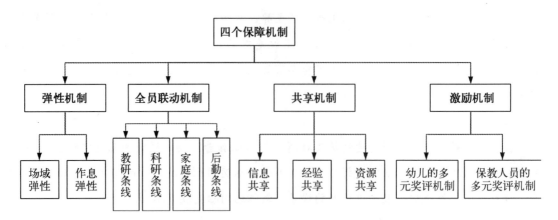

图6-41　"小主人"课程实施保障机制

一、弹性机制

弹性机制包括场域弹性和作息弹性，可确保教育场景灵活转换，让课程实施更有保障。

（一）场域弹性

首先，我们充分利用班级主题墙，建构师幼共同参与的教育场景，记录并展示参与历程，以此增强幼儿的参与感和成就感。其次，我们采用园内空间场域承包制，促进教育场景的长程式运用。再次，我们整合园外资源，以满足班级个性化实践探索的需求。最后，我们拓宽园外场域空间，如利用家长资源、社会人文资源和自然环境资源，为学前教育提供丰富的外部支持。

（二）作息弹性

在"小主人"课程实施过程中，我们精心打造了一日活动作息保底版本与弹性版本。保底版本确保了幼儿园生活、运动、游戏、学习四类活动常态化稳定开展，为幼儿的全面发展打下基础；弹性版本则在此基础上，为教师与幼儿提供了更为广阔的自主空间，鼓励教师与幼儿在教育场景下共同探究，成为"小主人"课程实施的真正主体。

表6-11　一日活动作息保底版本

时　　间	内　　容
07：50—08：10	来园、自由活动
08：10—09：00	运动活动
09：00—09：30	生活活动、自由活动

时　　间	内　　容
09：30—10：00	学习活动、生活活动
10：00—10：50	游戏活动、个别化学习活动
10：50—12：00	午餐、自由活动、户外活动
12：00—14：30	午睡
14：30—14：55	生活活动、自由活动
14：55—15：35	游戏活动、个别化学习活动
15：35—15：50	运动活动
15：50—16：00	生活活动、离园

表6-12　一日活动作息弹性版本（以大班夏令为例）

时　　间	内　　容	说　　明
08：00—08：40	自主安排	一日活动自主安排必须包括： 1. 运动活动（器械运动和体育游戏） 2. 学习活动（集体学习活动和个别化学习活动） 3. 游戏活动（户外和室内自主性游戏） 遵循原则： 1. 每天有2小时户外活动时间，其中1小时的运动时间要分段进行 2. 1小时游戏活动 3. 集体学习不超过30分钟
08：40—08：50	早操律动（仅周一）	
08：50—09：25	早点	
09：25—10：55	自主安排	
10：55—11：30	午餐	
11：30—12：00	自主安排	
12：00—14：45	午睡、午点	
14：45—16：00	自主安排	
16：00	离园	

表6-13　"小主人"课程弹性实施举例

活动名称	年龄段	活动来源	相关主题	弹　性　实　施
大树告诉我	大班	户外活动时，树木被砍伐引发讨论	有用的植物	个别化学习：观察、记录、绘画等艺术表现 集体教学：美丽的年轮、树真好、大树告诉我 亲子时光：亲子调查与采访、与树木互动

续　表

活动名称	年龄段	活动来源	相关主题	弹性实施
我和爸爸一起长大	中班	关于爸爸的话题谈论	我爱我家	个别化学习：采访爸爸、唱《爸爸本领大》等 集体教学：爸爸本领大、画爸爸 亲子时光：与爸爸的互动
彩色世界	小班	很多幼儿对色彩敏感与喜爱	非主题	个别化学习：艺术创想——彩色玻璃窗 集体教学：点点王国、小蓝和小黄、彩色玻璃窗 亲子时光：草间弥生艺术展

　　教师可以根据班级幼儿的兴趣、需求及课程进展，灵活调整活动时间与内容，从而激发幼儿的主动性，培养幼儿的自主学习能力，帮助幼儿逐渐成长为敢于尝试、乐于探究的"小主人"。作息弹性不仅为教师与幼儿提供了更多的可能性，还让"小主人"课程更加生动、有趣和有效。

二、全员联动机制

　　全员联动机制不仅彰显了我们在教研、科研、家教、后勤等条线上的"大主人"卷入式课程实践理念，还体现了各条线之间的紧密联动性和按需保障性，为"小主人"课程的全面实施和持续优化提供了坚实的支撑。

　　首先，从教研和科研条线来看，我们精心设计了多种班本化活动实施途径，为教师与幼儿提供了丰富的课程资源。常态化活动确保了基础知识的稳定传授，专项性活动针对特定主题进行深入探究，而选择性活动则满足了幼儿个性化的学习需求。这些活动的时间安排有弹性，有利于教师根据班级的实际情况和幼儿的兴趣灵活调整体验节奏，确保每个幼儿都能在适合自己的节奏下成长。

　　其次，家教条线为"小主人"课程增添了更多的家庭色彩和亲子互动。我们充分利用家委会的资源，邀请家长参与课程，由他们引领幼儿进行实践操作或分享经验，不仅增强了家园共育的实效性，也让幼儿在家长的陪伴下更加自信地探究未知。每月一次的家长例会更是成为家园沟通的桥梁，有利于家长及时了解幼儿园的教育动态，共同为幼儿的成长出谋划策。每学期1—2次的亲子活动进一步加深了家长与幼儿之间的情感联结，让家庭教育成为幼儿园教育的有力延伸。

　　再次，后勤条线作为幼儿园运转的重要支撑，也在"小主人"课程的实施中发挥了不可或缺的作用，如积极配合教研和科研条线的活动需求，确保场地、物资等方面的准备到位。

　　总而言之，全员联动机制不仅体现了我们对幼儿全面发展的高度重视，也展现了我

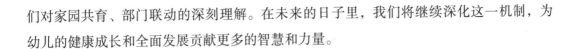

们对家园共育、部门联动的深刻理解。在未来的日子里，我们将继续深化这一机制，为幼儿的健康成长和全面发展贡献更多的智慧和力量。

三、共享机制

在信息时代背景下，共享已成为推动教育创新与质量提升的重要力量。在"小主人"课程建构中，共享机制如同一根纽带，将信息、经验、资源紧密相联，共同促进课程的深度发展与幼儿的全面发展。

（一）信息共享

首先，教学互动不仅适用于实体教室，还延伸到网络虚拟场景，让教师与幼儿能在更广阔的空间里交流互动。其次，我们鼓励教师以照片、视频等形式记录幼儿的探究历程，并通过微信、钉钉等社交平台与班级家长、园内同仁及园外专家分享。这一做法不仅增强了家园共育的实效性，也推动了多方交流。

（二）经验共享

首先，我们鼓励教师结合业务部门的指导要求，每学年撰写经验文章，并在园内进行现场分享，让个人的教学心得成为大家共同的财富。其次，我们借助教研、科研联动研讨的契机，对前一轮实践经验进行深入剖析与再研讨，力求在原有基础上促进经验的深化。再次，我们注重培养幼儿的自我实践与反思能力，鼓励他们形成计划与决策—探究与体验—分享与总结的探究模式，并分享自己的思考与感悟。这种多层次、多维度的经验共享，不仅促进了教师之间的相互学习与成长，也激发了幼儿的学习热情与创造力。

（三）资源共享

首先，我们不断充实主题课程资源包，鼓励教师依托教研活动，形成创新教学资源。这些各具特色的教学资源不仅丰富了课程资源库，还为教师提供了更多选择与创作的空间。其次，我们注重教育场景中人、事、物、空间等资源的共享。在课程实施过程中，教师和幼儿共同探究出的有价值的教育场景、实施途径、实施策略、实施方法等，都成为共享的宝贵资源。这些资源不仅为其他班级和教师在开展课程时提供了参考，还促进了资源之间的辐射与融合。

以"小主人"体验项目中的"小农夫"项目为例，在项目初期，我们面临着"种植园种什么"的选择。通过共享机制，我们汇集了园内外的专家意见、幼儿的兴趣及家长的资源支持，最终确定种植内容与方案。在项目推进过程中，我们不断总结经验，优化策略，并将这些成果通过信息共享平台分享给全园的师幼及家长。在这一过程中，不仅幼儿的实践能力得到了锻炼与提升，而且教师的专业素养也得到了显著提高。更重要的是，我们建构了一个充满活力与创新性的课程资源生态系统。

四、激励机制

激励机制作为推动教育改革与发展的重要杠杆，对促进"小主人"课程实施具有不可替代的作用。我们倡导以精神奖励为主、物质奖励为辅的原则，建构一套适宜、适度的奖励体系，以激发保教人员与幼儿的内在动力，推动课程实践的可持续深化与优化。

（一）保教人员的多元奖评机制

在教科研联动与常规教研的双重支撑下，我们确立了每月一次的"小主人"课程实施奖评机制。这一机制不仅关注课程环境的创意营造，还深入考察活动现场的组织实施与教学活动的创新设计，多维度、全方位地评估保教人员的工作成效。通过奖评机制，保教人员得以在预设与生成、实施与总结中充分展示个人智慧与团队协作能力，同时在解说与实践的过程中不断反思、调整与优化教学策略。

为确保奖评的公正性与权威性，我们引入了家委会、业务部门及行政部门组成的多元评价主体，形成了多条线评价的立体网络。这种多元参与的评价模式，不仅增强了评价的全面性与客观性，还促进了家园共育的深度融合，为教师的专业成长提供了宝贵的外部反馈与激励。

（二）幼儿的多元奖评机制

1. 互动式激励

幼儿是"小主人"课程的主体，激发他们的参与兴趣与主动性，让他们成为课程探究的积极参与者，是我们设计激励机制的重要考量。在活动开展的过程中，每次幼儿的自主表达都能得到及时的回应与鼓励，不仅增强幼儿的参与感，还促进了他们真情实感的流露与表达能力的提升。同时，利用语音、视频、图示等多元化手段，我们将幼儿的互动瞬间记录下来，形成了可回溯、可重复的对话资源。这不仅为幼儿提供了再次审视自己学习过程的机会，还为教师提供了了解幼儿思维发展、兴趣爱好的宝贵资料，有助于后续教学活动的精准设计与调整。

2. 点评式激励

点评式激励鼓励幼儿进行经验分享与反思，通过自评与他评相结合的方式，促进幼儿自我认知与社会交往能力的发展。在自评环节，幼儿回顾自己的课程探究过程，分享收获，反思不足，形成对自我学习能力的初步评价；在他评环节，通过教师或同伴的点评，引入外部视角，帮助幼儿从新的角度审视自己的学习成果，引发思维碰撞，促进新经验的生成。点评式激励注重培养幼儿对自我和他人的悦纳能力，让幼儿在相互评价中学会欣赏他人的优点，接纳自己的不足，从而促进教育场景中积极正向的学习氛围的形成。

通过激励机制，我们旨在激发保教人员与幼儿的潜能，促使他们共同推动"小主人"课程实施。

下篇
课程绽放
——基于教育场景的"小主人"课程研究成效

通过对幼儿成长故事、教师成长故事及管理案例的深入反思，我们深刻体会到，"小主人"课程的实施不仅极大地促进了幼儿的全面发展，还显著加速了教师与园所的发展。 在这一过程中，幼儿展现出自我主张的勇气、自主探究的好奇心、自行管理的能力及自我激励的精神，教师的专业素养也得到了飞速提升，园所的品牌特色愈发鲜明。这一系列积极变化无疑是对"小主人"课程实施成效的最有力佐证。

第七章 "小主人"课程赋能幼儿

在"小主人"课程精心建构的多元化教育场景中，幼儿"四自"能力得到了全面提升。他们拥有了更多的勇气，敢于在活动中表达个人的主见，言语间流露出前所未有的自信；学会了多样化的问题解决策略，思考与解决问题的能力得到大大提升；学会了整理个人物品，独立完成日常任务，良好的生活习惯悄然养成。面对挑战，幼儿不再轻易退缩，而是勇于尝试，从中收获成就感，并学会了自我肯定与欣赏他人。这一系列成长，不仅让幼儿在幼儿园生活和学习中更加游刃有余，还使他们在成长的道路上更加自信、独立，善于自主探究和自行管理。

第一节 幼儿"四自"能力提升

我们选取了同年龄段的 3 个班级共 75 名幼儿作为研究对象（不包括插班幼儿与转园幼儿），分别在 2020 年处于小班时期和 2022 年升至大班时期，对他们进行前测和后测。通过前后测对比，我们欣喜地发现，幼儿"四自"能力均得到显著提升，其中自主探究能力的提升尤为突出。

一、多元化教学策略激发幼儿表达主见，凸显自我主张能力

在自我主张方面，我们发现，"小主人"课程对幼儿的影响主要体现在表达主见、思维创造、个人自信、同伴理解四个方面。

一是在表达主见方面，通过前后测对比，我们看到，幼儿在"主张想法""表达想法""表达方式"上的表现有了质的飞跃。起初，在面对集体时，多数幼儿显得羞涩或表达不清。然而，随着教师运用多样化教学策略，如鼓励性提问、角色扮演、小组讨论等，幼儿开始勇敢地站出来，用虽然稚嫩却充满自信的声音清晰且有条理地表达自己的见解。这一转变不仅表明幼儿的语言表达能力有了极大提升，还直接反映幼儿内心主见的形成和增强。他们学会了如何坚持自己的观点，也学会了倾听和尊重他人的不同意见。这种平衡自我与他人的能力，是他们成长道路上宝贵的财富。

二是在思维创造方面，幼儿的思维创造力也得到了极大的锻炼。在"小主人"课程的引导下，幼儿不再满足于简单地模仿和重复，而是勇于尝试新事物，敢于挑战未知领域。各类教育场景中的探究活动如同为他们插上了创意的翅膀，让他们在想象的天空中

自由翱翔。无论是艺术创作中的奇思妙想，还是科学小实验中的大胆假设，都彰显了幼儿无限的创造潜力和对知识的渴望。

三是在个人自信方面，"小主人"课程同样功不可没。通过三段推进法等教学策略的实施，幼儿被置于一个既自主又平等的交流环境中。在这里，没有绝对的对错，只有思想的碰撞和灵感的火花。在小组讨论中，幼儿畅所欲言，每次发言都是对他们自信心的一次锤炼，每次倾听都是他们对他人尊重和理解的一次深化。分享环节更是成为幼儿展现自我、相互学习的宝贵平台，他们在分享中学会了如何用语言触动人心，如何用故事连接彼此，自信心在同伴的掌声和笑声中悄然生根发芽。此外，多元奖评机制的引入，为幼儿的自信心插上了一双更加坚实的翅膀。这一机制打破了传统评价体系的单一性，教师的激励和同伴的夸奖让幼儿意识到每个人都有自己的独特价值和闪光点，他们逐渐在集体的认可中找到了自己的位置，感受到了被看见、被尊重的喜悦，从而更加自信地面对学习和生活中的每个挑战。

四是在同伴理解方面，通过"小主人"课程实施，幼儿还学会了理解和悦纳同伴的想法与感受。例如，通过赋权支持策略的赋权四步法、留白支持法等，幼儿在参与自评与他评的过程中，逐渐学会了换位思考，深入理解了同伴的内心世界。这种同伴间的相互理解和支持，不仅促进了良好同伴关系的形成，更为幼儿未来的社会交往打下了坚实的基础。

二、 多元化教育场景丰富幼儿经历，深化自主探究学习

在"小主人"课程实施中，幼儿的自主探究能力得以深化，他们以一种前所未有的方式绽放学习的光彩，学习方式变得更为多元，视野日益宽广，解决问题的能力实现了质的飞跃，个人的全面发展也在这一过程中悄然发生。

第一，"小主人"课程鼓励幼儿根据自己的兴趣和需求去探究世界，这极大地丰富了他们的体验。例如，在中班"听说，秋天来过"活动中，幼儿不再只是被动地接受知识，而是通过放大镜观察秋叶、秋虫等，亲自感受秋天的魅力。这种主动探究的方式让幼儿的学习变得更加生动有趣。再如，在大班"嘉定红色之旅"活动中，幼儿拿起画笔，记录下对红色文化的所见所想，用艺术的形式表达了自己的感受和理解；在大班"哪吒闹海"活动中，幼儿自制道具、服饰，和同伴一起用肢体动作、唱歌、朗诵等方式来演绎经典故事。这种综合性学习方式不仅锻炼了他们的创造力，还增强了他们的团队协作和表达能力。

第二，"小主人"课程极大地拓宽了幼儿的视野。在"感恩周围的人""我是嘉定'小主人'"等活动中，幼儿走出教室，走进社区，亲身接触和了解了各种职业的人及家

乡的历史文化。这种亲身体验的方式让幼儿对周围的世界有了更加深刻的认识和理解。他们学会了尊重不同职业的人,并对自己的家乡产生了浓厚的兴趣和自豪感。这种视野的拓宽对幼儿未来的成长和发展具有重要的意义。

第三,随着"小主人"课程实施的深入,幼儿解决问题的能力得到了显著提升。在大班"小礼仪成长记"活动中,幼儿遇到了早晨站岗小礼仪迟到的问题。他们并没有选择逃避或依赖教师,而是主动召开会议,集体讨论并找出了问题的根源和解决办法。这种从问题出发并通过集体讨论和实践来寻找解决方案的过程,不仅锻炼了幼儿的思维能力和解决问题的能力,也培养了他们的责任心、团队精神及面对挑战时的自信和勇气。幼儿开始学会用积极的心态去面对困难,用智慧化解困境,这种品质将伴随他们走过未来的每段人生旅程。

第四,"小主人"课程注重多领域的融合,在同一个教育场景下,可能同时融合了自然观察、艺术表现、语言表达、社会交往等多领域的内容。以中班"听说,秋天来过"主题活动为例,幼儿不仅进行了科学探索,还进行了艺术创作、语言表达、社会交往等。他们通过收集秋天的落叶、果实等自然材料,制作了精美的手工艺品;通过讲述秋天的故事、朗诵秋天的诗歌,锻炼了语言表达能力;通过与同伴合作和交流,学会了分享和互助。这种多领域的融合让幼儿在同一个活动中获得多方面的体验和收获,实现了知识的融会贯通和能力的全面发展。

三、 多变教育场景锻炼幼儿自控能力,强化自行管理能力

"小主人"课程中多变的教育场景让幼儿的自行管理能力得到了极大提升,具体包括生活自理能力、自控能力、自我保护意识和习惯培养。

第一,"小主人"课程通过链接真实的生活环境,为幼儿创造了一个个充满挑战与机遇的教育场景。在这些场景中,幼儿不再是被动接受知识的容器,而是成为生活的积极参与者和创造者。例如,在"小主人"赋权活动中,幼儿被赋予自取点心、服务他人、自制节日美食等权利。这些看似简单的活动,实则蕴含丰富的教育意义。在学习如何使用生活用具、如何照料自我和服务他人的过程中,幼儿不仅锻炼了动手能力,还学会了如何管理物品、规划时间,从而极大地提高了生活自理能力。特别是在自制节日美食活动中,从选材、烹饪到摆盘,幼儿全程参与,亲身体验,学会了如何根据食材的特性进行搭配,如何掌握火候,如何美化食物的外观。这些经历不仅让幼儿享受到了美食带来的愉悦,更让他们在实践中掌握了一系列生活技能。

第二,在"小主人"课程的户外实践活动中,幼儿面临着复杂多变的环境和人际关系。这些场景要求他们必须学会自控,遵守规则,以适应自然环境和社会环境的变化。

例如，在户外探险活动中，幼儿需要遵守安全规则，不随意离开队伍，不触碰危险物品；在小组合作中，幼儿需要学会倾听他人的意见，尊重他人的选择，共同协商解决问题。通过这些活动，幼儿的自控能力得到了显著提升，学会了在冲动面前保持冷静，在规则内自由发挥，在团队中发挥自己的作用。这种自控能力的提升不仅让幼儿在活动中更加自信从容，还为他们未来的社会交往、学习和生活奠定了良好的基础。

第三，在"小主人"课程教育场景中，幼儿的自我保护意识得到了有效激发。例如，在小班活动"今天热吗？"中，幼儿在感受热的同时，自发地表达了对高温环境的担忧和保护意识，提醒同伴注意防晒，小心被晒伤；发现大型玩具在烈日下被晒得滚烫时，提醒大家要小心。这些看似微不足道的细节，实则反映了幼儿自我保护意识的觉醒。在真实的教育场景下，幼儿学会了从自身出发，关注环境的变化，在亲身尝试中保护自己。

第四，在长期活动的滋养下，幼儿得以养成良好行为习惯。例如，在"小主人"体验项目之"小农夫"项目中，幼儿亲身参与蔬菜的种植、管理和收获，深知蔬菜的珍贵和来之不易，因此格外爱护菜地里的蔬菜，不随意践踏；使用完工具后会及时整理并放回原处。这些看似简单的行为习惯，实则蕴含深刻的教育意义，让幼儿学会尊重劳动成果，珍惜资源；学会负责任，有担当；学会了整洁有序，自律自强。这些良好行为习惯的养成不仅让幼儿在活动中更加受欢迎、受尊重，也为他们未来的成长和发展赋能。

四、 动态调整课程给幼儿挑战，激发自我激励勇气

在"小主人"课程深入探究中，我们一直致力于建构一个既具挑战性又充满支持性的学习环境。这一环境聚焦幼儿全面发展，不仅强调知识与技能的积累，还重视内在动力的激发与积极情感态度的培养，尤其是自我激励能力的培养。作为引领者，教师应鼓励幼儿积极面对困难，帮助他们找到分析和解决问题的方法。在不断尝试中，幼儿积累了解决问题的经验，增强了自信心。每当成功克服困难时，幼儿都能深刻体会到自我激励的力量，成就感与自豪感随之增强，进而激发对新事物的好奇心和探究欲。

例如，在"小主人"体验项目中，幼儿亲身体验"小厨师""小木匠""小科学家"等社会角色，从构思、选材到成品展示，全程参与。当看到自己的作品受到赞赏时，幼儿获得了强烈的成就感和满足感，这成为自我激励的源泉。这种体验不仅让幼儿珍惜劳动成果，还激发他们的审美情趣与创新能力，增强了他们面对挑战的自信心。

此外，我们特别重视幼儿间的评价与反馈机制。通过自评，幼儿学会了反思，认识到自身的进步与不足，建立了客观的自我认知。他评环节则鼓励幼儿相互评价，发现并赞赏同伴的优点，促进正向交流与团队合作。幼儿开始理解每个人的力量虽小，但团结起来能成就大事。这种悦纳他人的意识减少了冲突，增强了团队凝聚力，有利于倾听、

理解与包容品质的培养。

课程的动态调整不仅是内容与形式的创新，更是幼儿心理成长与情感发展的助推器。它让幼儿在挑战中学会自我激励，在成就中感受自我价值，在团队中学会悦纳他人。这一过程如同桥梁，连接幼儿的内心世界与外在环境，帮助他们在探究与尝试中成长为具有自我驱动力、懂得合作与分享、能积极应对生活挑战的个体。

通过"小主人"课程实施，我们见证了教育的无限可能与幼儿的独特成长轨迹。幼儿在这一过程中学会了探索、创造、自我激励与悦纳他人，这些品质与能力将为他们未来发展奠定坚实基础，助力他们成长为自信、独立、有爱心、有责任感的社会成员。教育的魅力在于激发潜能，引导成长，而"小主人"课程正是对这一理念的生动诠释。

第二节 案 例 分 析

一、案例1：幼儿成长故事——"星星本"评价

（一）故事起源

随着学前教育的发展，人们看待幼儿的观点也发生了巨大的变化，儿童观和教育观的改变影响着对幼儿的评价。传统评价的种种弊端催生新的发展性评价理念的产生。自评对一个人的成长有着重要的意义。在大力提倡"快乐教育""赏识教育"的今天，大家越来越重视肯定激励与奖励在学前教育中的作用，小贴纸、小徽章、小红花等教育激励物也随之出现。为了激发幼儿参与各类活动的积极性，我们在教育场景中提供了"星星本"评价。"星星本"评价作为发展性评价理念的一种实践形式，在各类活动中产生了良好的效果，积攒更多的星星是幼儿的荣誉象征之一。

（二）幼儿成长故事

1. 我想要很多的星星

最开始，"星星本"是一种很传统的教师评价与奖励的载体。我们以一周为周期，进行一次评奖活动，星星数量总和排在前几名的幼儿可以兑换相应的奖品。实行了一段时间，我们发现，幼儿的任务意识与自行管理意识逐渐增强。我们经常会听到幼儿之间关于"星星本"的对话：

"这周我已经得到3颗星星了，再加1颗就能兑换奖品了。"

"我比你多，我有6颗了。"

"这周我当值日生了，还可以得到1颗星星。"

"这个月，我全勤，可以得到2颗星星。"

在星星排行榜的激励下，幼儿参与活动的积极性提高了，会记得每天自己的任务或

尽量让自己把事情做好，不错失得到星星的机会，从而逐渐提升了自行管理和完成任务的能力。但是，问题也随之而来，"星星本"强调幼儿间的横向比较，弱化了幼儿自身发展的纵向比较，使得一小部分幼儿缺失奖励的机会。

2. "进步星"出现啦

发现弊端后，我们将评选规则进行了一些小改变：为了让幼儿发现自己的进步，只要本周得到的星星数量比上周多，那么就是"进步星"，也可以得到奖品。如此一来，原先获得星星数量很少的幼儿也有机会发现自己的闪亮处。我们经常会听到幼儿一边数着星星一边开心地说道："我进步啦，我是'进步星'。"实行了一段时间的"星星本"奖励机制，我们又有了新的思考。

第一，教师的外在要求是否会取代幼儿的内心真正需求？在"星星本"奖励机制中，教师奖励幼儿星星，就证明幼儿做得对、做得好；幼儿想得到星星，就必须达到教师的要求。整个机制是以达到教师的要求为基础的，长此以往，幼儿是否会失去自己的内心真正需求？

第二，这是否会影响幼儿自我思考能力，变得盲目顺从教师？我们想让幼儿有"我做，因为那是我想要的"的意识，如果幼儿只是认为"因为教师让我这么做，我那么做了，教师就奖励我星星"，久而久之，幼儿的自我思考能力就会受影响，变得更愿意顺从教师，以此得到想要的奖励。

第三，幼儿的主动性与创造力如何体现？当内在动力被外在动力消磨殆尽时，幼儿的主动性与创造力势必受到影响。

基于以上分析，我们决定把评价权交给幼儿。

3. 设立自己的目标，挑战我自己

每周五，我们请幼儿设想好下周自己想要挑战的任务并进行记录，完成者就可以得到星星。赋权后，我们发现，原来幼儿才是最了解自己的人，平时不举手发言的幼儿设定了积极举手并大胆回答问题的任务，经常迟到的幼儿想要完成按时来园的任务，从来不主动去美工区的幼儿设定了要独立完成一个手工作品的任务，不爱睡午觉的幼儿设定了躺在床上尽量不动、不影响其他小朋友的任务。在讨论中，幼儿都发现了自己身上需要完善的地方，并认真记录自己要完成的任务。因为是自己设定的任务，所以幼儿的挑战欲被激发了起来。一段时间后，幼儿发生了很大的变化。

"我这周没有迟到，你要记得哦。"

"这是我自己在美工区完成的风车，没有人帮忙。"

"老师，这周我每天都举手了，有时你没有叫到我，但我是想回答的。"

"老师，我今天睡着了，没有在床上动来动去。"

"今天，我本来不想来幼儿园的，为了完成每天上幼儿园的任务，还是坚持来了。"

可见，赋权充分激发了幼儿的内驱力。

4. 做更好的自己

以往，教师会设定几个奖项，然后通过幼儿与同伴自荐或投票的方式，产生班级的获奖幼儿。后来，我们赋权给幼儿，在学期初邀请幼儿在"星星本"的首页设定学期目标，选择成为哪类小达人，根据小达人的要求完成自己的目标，去争取相应的奖励，一点一点做更好的自己。

（三）教师思考

1. 评价重在激发幼儿的内驱力

评价更多的是一种价值观的体现和塑造，我们不仅注重结果，还要关注幼儿的责任感、荣誉感、成就感等，激发幼儿的内驱力，让每个幼儿都能成为更好的自己，体验到每个教育场景中的乐趣与挑战。

2. 赋权让幼儿更了解自己，让教师更了解幼儿

在该案例中，通过设立个性化的挑战任务和目标，幼儿不仅敢于表达自己的想法，还学会根据自己的兴趣和能力进行自主探究。同时，在完成任务的过程中，幼儿逐渐学会了自行管理和自我激励，如设定目标、监控进度、克服困难等。通过幼儿设定的任务，教师可以观察幼儿从哪些方面给自己提出挑战，任务是否合适，并帮助幼儿明确任务定位，进而更好地完成任务，实现目标。

二、案例2：幼儿成长故事——小礼仪成长记

（一）故事起源

在"幼儿发展优先"理念下，我们越来越意识到满足幼儿的个性化发展需求、尊重幼儿的发展特点和潜能的重要性。《3—6岁儿童学习与发展指南》作为指导我国幼儿园教育的纲领性文件，强调了幼儿全面发展的重要性。其中，"尊重幼儿发展的个体差异""关注幼儿学习与发展的整体性""重视幼儿的学习品质"等核心理念，为"小主人"课程实施提供了坚实的理论基础。

在"小主人"课程实施过程中，基于时空场景、资源场景、需求场景三类教育场景，遵守"双主体"原则、场景拓展原则、动态调整原则，通过家园共育和一日活动实施途径，运用赋权四步法，我们看到幼儿悄然发生了改变。

（二）幼儿成长故事

1. 自我主张更凸显

在"小主人"课程实施过程中，我们更重视幼儿的主体地位，从幼儿的兴趣和需求

出发，注重幼儿的探究和体验，给幼儿提供更多表达主见的机会，从而使幼儿自我主张更凸显，表达更有主见，想法更有创造力，发言更大方自信。

话题一：你们觉得什么是小礼仪？

幼儿1：小礼仪是帮助别人的人。

幼儿2：小礼仪要有礼貌。

幼儿3：小礼仪要微笑。

话题二：哪些地方需要小礼仪？小礼仪可以做哪些事情？

幼儿1：在幼儿园门口，跟小朋友和老师打招呼。

幼儿2：在幼儿园门口，如果有小朋友掉东西了，我们可以帮忙捡起来。

幼儿3：在洗手池边，提醒小朋友拉袖管，抹洗手液，用毛巾擦手。

幼儿4：提醒小朋友排队洗手。

幼儿5：如果擦手毛巾没有了，需要帮忙添加擦手毛巾。

幼儿6：在晨检的地方，提醒小朋友要告诉保健医生自己的身体情况。

可见，幼儿对小礼仪任务有自己的认识和理解，认为小礼仪要有礼貌，要帮助别人。我们运用了赋权四步法中的收集法，收集和倾听幼儿的想法，了解幼儿的需求。

2. 自主探究更有深度

相较于传统教育模式下侧重教师主导的教学特点，"小主人"课程注重通过小组讨论、角色扮演、实地考察等多种方式，增强学习的趣味性，激发幼儿探究的内驱力，使自主探究更有深度。在担任小礼仪活动中，有幼儿提出，根据每个岗位的需求增加人数：幼儿园门口需要2人；洗手池边需要3人，其中2人分别站在洗手台两边，另外1人检查是否有人漏掉洗手；晨检的地方需要2人。此外，幼儿围绕"小礼仪需要做什么？"展开讨论，并形成了具体的小礼仪建议。

第一，小礼仪要温柔，有耐心，面带微笑。

第二，小礼仪要准时到岗。

第三，小礼仪要站得神气，手不插口袋，双脚并拢。

第四，小礼仪要帮助有困难的小朋友。

…………

可见，幼儿主动发现问题，如洗手池边需要增加人数，通过调整小礼仪在不同区域的人数和站位解决问题，并自主形成了小礼仪建议。

我们运用赋权四步法中的放权法和支持法，即放权让幼儿判断哪里需要小礼仪，怎么做小礼仪，让幼儿在真实体验与探究中发现问题，并主动解决问题；支持幼儿的兴趣和需求，尽可能地满足幼儿。

3. 自我激励能力增强

在"小主人"课程实施过程中，幼儿的主动性更强了，更愿意去迎接挑战，并获得成就感；学会尊重和理解他人的观点与感受，通过参与集体决策，合作完成任务，开始意识到每个人的独特性和价值。在"小礼仪成长记"活动后，幼儿进行自评和他评。

幼儿1：我觉得自己今天很棒，还提醒了小朋友。

幼儿2：我给自己打20分，因为我今天迟到了。

幼儿3：我给然然打100分，因为她今天帮助中班弟弟卷袖管了。

…………

在案例中，我们运用赋权四步法中的评价法。幼儿能用自己的方式来评价自己和他人的行为表现，获得认可时很开心，有成就感。在自评和他评中，幼儿学会了悦纳他人。

（三）教师思考

1."双主体"原则下,幼儿的主体地位更加凸显

在案例中，教师从幼儿的兴趣和需求出发，注重过程中幼儿的探究和体验，尊重幼儿的想法，给幼儿充分的信任和支持。

2. 整合多元教育场景,促进每个幼儿获得全面发展

我们通过整合时空场景、资源场景和需求场景，赋予幼儿更多的体验和探究的机会，促进幼儿在语言表达、社会交往、沟通协调、组织策划、前书写、责任感、自信心等方面的全面发展。

第八章 "小主人"课程赋能教师

在幼儿"四自"能力全面发展的过程中，教师同样获得了显著成长，如更新了教育理念，更加注重"以幼儿为本"，积极学习并运用多样化教学手段，为幼儿提供多样化教育支持。此外，在课程设计与实施中，教师展现出更强的领导力，敢于创新，能根据幼儿的兴趣和需求灵活调整课程内容，确保每个幼儿都能获得成长。

第一节 教师专业能力提升

在"小主人"课程实施中，我们注重对教师专业素养的培养：一方面，建构一种基于尊重、公平与信任的师幼关系，教师既是幼儿成长的引领者、支持者，也是与他们并肩探究世界的伙伴；另一方面，提供一系列培训机会，如邀请业内专家开设专题讲座与实战培训，组织外出学习交流，定期举办教育研讨会，等等。

在幼儿园的培养与自身的实践探索下，截至 2024 年 12 月，我园教师在市、区级征文评比中屡获佳绩，共计获得 120 个区级及以上奖项，包括一、二、三等奖；在区优秀骨干、学科新星教师考核中，摘得一、二等奖；更有教师荣获嘉定区第五届青年教师爱岗敬业教学竞赛优胜奖。此外，31 篇凝聚教师智慧与汗水的经验文章发表在各类刊物上，充分展示了"小主人"课程探索的显著成效与深远影响。但是，教师的进步不仅体现在这些显性成绩上，还体现在隐性但影响深远的地方，如教育理念的转变、教育支持的多样化和课程领导力的提升。

一、教育理念的转变

在研究初期与末期，我们分别对"教师对班级幼儿的分析能力"进行了调研，调研时间节点选取的是 2020 学年度第一学期（前测）与 2023 学年度第一学期（后测）。通过数据对比分析，我们看出，随着教育课程的不断深入实践，教师的教育理念已成功转化为具体的教学行动。

（一）尊重幼儿的发展规律，师幼共建课程

从前后测结果对比中，我们观察到教师对幼儿年龄特点的了解显著加深。随着对课程的持续探索与深化实践，教师逐渐认识到尊重幼儿发展规律的重要性，开始更加细致地观察，耐心地倾听，并准确地识别出每个幼儿独特的成长需求与潜能。在这一过程中，

教师不仅是知识的传授者，还是幼儿成长道路上的引领者与伙伴，与幼儿共同建构课程，让课程内容更加契合幼儿的生活实际，更加符合幼儿的学习特点。这种师幼共建课程，不仅激发了幼儿的学习兴趣，还促进了幼儿全面发展。

（二）立足幼儿视角，观察与理解幼儿

前后测对比结果显示，教师能主动放低姿态，立足幼儿的视角去了解他们，深入探索每个幼儿的兴趣所在、操作方法、面临的困难及后续的支持需求，力求使课程内容真正符合幼儿的现状。例如，在一名青年教师组织的小班新生"我上幼儿园啦"活动中，原本根据年级组讨论设计的班级游戏并未如预期那般受到幼儿的欢迎。这名教师并未固守原计划，而是敏锐地捕捉到幼儿的喜好，迅速调整活动材料和内容，立刻激发幼儿参与活动的热情，使他们在活动中更加投入和自在。这一案例充分展现了教师立足幼儿视角，去识别和理解幼儿的真实需求。

（三）重视幼儿差异发展，个性化支持幼儿

在深入对比各班级的教育活动后，我们还发现，教师愈发重视幼儿差异发展。这种转变不仅体现在教师对课程内容的精心挑选上，还体现在教师灵活运用多种教学策略，为不同需求的幼儿提供个性化的支持上。例如，教师调整活动难度，变换教学方式，甚至创造特定的学习环境，以确保每个幼儿都能在适合自己的节奏下茁壮成长。这种重视差异发展的教育理念，使得教学更加精准有效。

（四）学会站位退后，真正赋权幼儿

在"双主体"原则下，教师要学会站位退后，真正赋权幼儿，基于幼儿的兴趣与需求开展活动。例如，在小班"我爱幼儿园"活动中，教师敏锐捕捉到幼儿对幼儿园保育员、保安及其他工作人员的浓厚兴趣，随即巧妙构思，发起了跨班级的"你好，幼儿园"探究活动。通过这一活动，幼儿不仅增进了对幼儿园各岗位工作人员的了解与尊重，更在亲身体验中深化了对幼儿园的归属感与喜爱之情。在这样的教育实践中，教师更加深刻地理解了赋权的教育理念，也在专业上获得了成长，实现了蜕变。

二、 教育支持的多样化

在 2020 学年度第一学期和 2023 学年度第一学期，我们就"'小主人'课程中教育场景的实施与运用"这一主题对教师进行了访谈。通过对比前后两次访谈结果，我们可以明显看出教师对幼儿的教育支持呈现出更加多样化的趋势。这种多样化具体体现在以下几个方面。

（一）课程时间与空间安排更灵活

通过研究前后再次对教师的访谈，我们发现，教师根据教学实际对课程时间与空间安排进行了更为灵活的调整，彻底打破了以往时间与空间的固有限制。这一变革不仅满足了幼儿对连续活动及多样化学习场景的渴望，更为他们创造了一个宽松、自由的探究环境。在这样的环境下，幼儿依据自己的成长节奏和认知特点，深入尝试，动手操作，从而在亲身体验中发现问题，解决问题，获得深刻的认知与情感体验。同时，课程时间与空间安排的灵活性也为教师提供了更多观察、引导幼儿的契机，使他们精准捕捉幼儿的个性化需求，及时给予支持。这种充满弹性与活力的教学安排不仅促进了幼儿全面而有个性的发展，也极大地丰富了教育教学的形式与内容。

（二）教育场景更丰富

在"小主人"课程实践的推动下，教师充分发挥自己的专业技能，让教育场景呈现出前所未有的丰富性。一方面，教师深入挖掘身边的资源，将户外假山、长廊等自然元素巧妙融入角色游戏中，为幼儿打造了一个个充满想象与创意的游戏天地，让他们的奇思妙想得以自由飞翔。另一方面，在教育场景的运用上，教师展现出极高的灵活性与创新性，不再局限于传统的教室环境，而是充分利用室内外各种空间，为幼儿建构了一个无缝衔接的学习生态。无论是阳光明媚的户外草地，还是温馨舒适的室内角落，都成为幼儿探究知识、发展能力的绝佳场所。这种"处处都是教育"的理念，不仅拓宽了幼儿的视野，更激发了他们无限的学习潜能，让教育真正融入幼儿生活的每个角落，实现了教育场景的多元化与灵活性的完美融合。

（三）资源利用更充分和高效

除了对教育场景进行挖掘与利用外，教师还愈发关注资源的充分利用，不仅精心选择场地，巧妙提供材料，更密切关注幼儿的行为表现与内心感受，力求让每项资源都能发挥出最大的教育价值。例如，在"蜗牛礼物，你见过吗?"活动中，教师巧妙地将体验项目、雨季特色、蜗牛生态、幼儿生日等多个教育场景资源融为一体，打造出一份独特的蜗牛礼物。这份礼物不仅让幼儿在亲身体验中收获了知识，更在情感上受到了深深的触动。它证明了，在教师的智慧整合下，即便是普通、常规的教育资源，也能焕发出别样的光彩，成为幼儿成长道路上宝贵的财富。

三、 课程领导力的提升

随着教育理念、视角、站位的革新及教育支持的优化，教师的课程设计与实施能力显著增强，逐步成长为兼具思考力与研究力的新型教育者，实现了课程领导力的全面提升。

（一）课程设计能力的增强

在教育实践的广阔舞台上，教师的课程设计能力显著增强。传统的、千篇一律的教案已逐渐淡出我们的视线，取而代之的是教师基于幼儿兴趣和需求设计的富有创意的教案。这一转变不仅体现了教师对教育本质的深刻洞察，还彰显了其在课程设计领域的专业素养与创新能力。教师深入班级，以观察者的身份细致捕捉每个幼儿的行为表现，倾听他们的内心声音，关注他们当前的兴趣和需求，深入挖掘其背后的原因，从而精准把握幼儿年龄发展特点与水平。同时，教师还积极与家长沟通，了解家长对幼儿成长的期望，并将其作为课程设计的重要参考，确保课程内容既符合教育规律，又贴合家庭实际。

在这种全方位、多角度的考量下，教师不再满足于简单的知识传授，而是更加注重课程的启发性、探究性和实践性。他们学会了如何根据幼儿的特点调整课程，如何在课程中融入更多元的文化元素，如何在深度思考中不断挖掘课程背后的教育价值。这种个性化与深度融合并重的课程设计能力，让课程更加生动有趣，也更高效地促进了幼儿的全面发展。

可以说，教师课程设计能力的增强是教育实践不断深化的必然结果，也是教师专业成长的重要标志。

（二）课程实施能力的增强

随着"小主人"课程实施的深入推进，教师的课程实施能力显著增强。在这一过程中，教师不再拘泥于既定的教学计划，而是根据幼儿的兴趣和需求，灵活运用一系列教学策略对课程进行动态调整与推进。他们像是敏锐的导航者，时刻关注着幼儿的学习动态，及时调整课程的航向，确保每个幼儿都能在适合自己的学习路径上稳步前行。同时，教师还运用 PDEA 模型评价法对课程进行全方位、全过程评价。从活动前的预设评价到活动中的即时反馈，再到活动后的总结反思，每个环节都充满了教师的智慧与汗水。这种循环评价与推进的过程，不仅让课程更加契合幼儿的实际需求，更在无形中锻炼了教师的课程实施能力。

在这样的实践中，教师逐渐学会了如何精准把握幼儿的学习节奏，如何有效引导幼儿进行深度学习，如何在课程实施中融入更多的创新元素。他们的课程实施能力在不断的挑战与磨砺中得到了显著增强，为幼儿的全面发展提供了更加有力的支持。可以说，正是这种在动态调整与持续评价中不断增强的课程实施能力，让教师更加自信地驾驭教育的航船，引领幼儿驶向更加辽阔的知识海洋。

第二节 案例分析

一、案例1：教师成长故事——创新助推专业成长

（一）创新起源

教育要有蓬勃的生命力，教师的专业成长显得尤为重要。教师的创新能力不仅是教

育改革的驱动力，更是教师个人专业发展的目标。教师只有不断获得专业成长，才能自信地引领幼儿探究更广阔的世界。在日常工作中，我们一直和幼儿一起发现和寻找幼儿感兴趣的事与物，挖掘有创新性的活动内容。

智能小家电，一个在现代日常生活中常见的东西，却能引发幼儿开启一段不平凡之旅。一次自由活动时，一名幼儿无意说起了家里的天猫精灵，引发了更多幼儿的加入。像智能小家电这样的科技产品能给大班幼儿带来哪些发展呢？我们带着思考，和幼儿一起开展活动"身边的 AI"。

（二）创新行动

1. 第一次创新——区域环境

以往个别化学习活动都是由教师根据主题目标和幼儿年龄特点创设的，缺少幼儿的参与。这次，我们决定把主动权交给幼儿。前期，我们开展了一次智能小家电的调查，结合幼儿的年龄特点，在班级中发起"如果我们班级要创设一个 AI 区角，可以如何创设？需要些什么？"话题讨论。通过讨论，有的幼儿把自己家里的智能小家电带到班级中，有的幼儿请父母将自己与智能小家电互动的视频上传到班级群。

2. 第二次创新——探究途径

刚开始，幼儿非常愿意和智能小家电互动，如询问天猫精灵天气、日期等。一段时间后，幼儿不满足于只使用天猫精灵，想要发明属于自己的智能小家电，于是一段创造发明之旅开始了。基于幼儿的兴趣，我们给幼儿充分的空间、材料支持，满足幼儿探索、制作与创造的需求，帮助幼儿获得成功。同时，面对活动中出现的问题，如工具的使用、组装等，通过同伴协助、分享交流等，幼儿发现问题、解决问题的能力得到了初步的发展。

3. 第三次创新——活动形式

一段时间后，幼儿制作的 AI 产品越来越多，他们很乐意将自己的作品与同伴分享，有的还会去观察同伴的作品和自己的作品有什么一样或不一样的地方。于是，我们在班级中开展 AI 展览会。活动前，我们和幼儿一起讨论：开 AI 展览会，需要准备些什么？展览中，幼儿会向参观者介绍自己的发明，有的还会进行演示。展览会结束后，幼儿选出自己喜欢的作品进行投票，并给出自己的理由。此外，我们还开展了辩题为"智能产品好还是不好"的辩论赛。在各种活动中，幼儿逐步学会欣赏自己，悦纳他人。

（三）教师思考

1. 一日生活皆课程

在看似平常的一段谈话中，却产生了一个富有生命力的活动。在活动过程中，我们遵循幼儿的兴趣和需求，挖掘身边的教育资源，不断寻求突破与创新，组织多种形式的

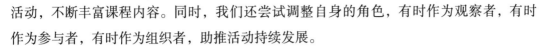

活动,不断丰富课程内容。同时,我们还尝试调整自身的角色,有时作为观察者,有时作为参与者,有时作为组织者,助推活动持续发展。

2. 实践出真知

在不断探究过程中,我们还发现,教师的成长不仅是理论学习,还要在实践中不断磨砺,只有经过创新实践,才能提升自身的专业能力,从而更好地支持每个幼儿的成长。

二、案例2:教师成长故事——"双主体"理念下师幼共成长

幼儿园课程如何在传递知识、技能、文化、精神的同时,发展幼儿的个性,强化其主体意识?这是学前教育需要关注的核心问题。在"小主人"课程实施中,我们树立师幼"双主体"教育观,教师、幼儿皆是主体,共同学习和发展,逐渐形成新的共同合作学习的师幼关系。在这一过程中,教师的角色可以归纳为三个方面:引领者、支持者和观察者。

(一)教师是引领者:确立"以幼儿为本"的理念

在建构和实施"小主人"课程中,作为引领者,教师应确立"以幼儿为本"的理念,顺应幼儿的身心发展规律,承认并尊重幼儿的主体地位,关注幼儿当下的需求和兴趣,了解幼儿的所思所想,促进幼儿在知识、经验、能力等方面的协调发展。例如,在"听说,秋天来过"活动中,10月气温下降,树叶开始飘落,这些变化激发了幼儿的兴趣,他们每时每刻都有着很多新发现……看到这一幕,教师意识到这是一个教学契机,于是顺应幼儿的需求,借助户外公园及园内各类资源(西草地、紫藤架)等自然场景,开展了相关主题活动,和幼儿一起收集秋天的秘密。作为引领者,教师提出了一些开放性问题,如"秋天,你们发现了什么?""落叶可以怎么玩?""秋虫在哪里?"等。幼儿纷纷发表自己的见解,积极参与讨论。教师的引领作用不仅是提供知识,还是激发幼儿思考,鼓励他们表达自我。

(二)教师是支持者:基于幼儿日常生活建构课程内容

教师要关注幼儿的身心发展规律与个体差异,依据幼儿已有的经验水平,为他们设置合理的"最近发展区",激发幼儿的求知欲和好奇心,成为幼儿的支持者,让幼儿在丰富的活动中获得全面自主的发展。例如,在"听说,秋天来过"活动中,基于幼儿装扮秋天的意愿,教师创设留白互动式主题墙,和幼儿共同讨论,并将作品布置在"多彩秋天"主题墙上。在一次秋日散步中,幼儿发现秋虫的痕迹,满心欣喜。教师为了让幼儿观察得更仔细,创设了个别化区角"秋虫大探秘",提供放大镜、记录板、录音笔、相机等。在个别化学习活动中,幼儿自主结伴在幼儿园寻找秋虫,并尝试用自己的方式记录与表达。

（三）教师是观察者：及时捕捉幼儿的需求

在"小主人"课程实施中，作为观察者，教师要及时捕捉幼儿的需求，提供适宜的支持。例如，在"听说，秋天来过"活动中，幼儿产生再装饰、再创造的愿望。于是，教师利用户外公园和园内小花园、沙池等教育场景，提供需要的材料和工具，鼓励幼儿自行选择。幼儿的情绪从未如此高涨过，有的用标本夹将喜欢的树叶制作成树叶标本，留念珍藏；有的在沙水游戏中自制树叶船，进行自主游戏；有的选择落叶归根，将树叶埋在泥土下面。在这一过程中，作为观察者，教师捕捉到幼儿需要的材料和工具，并通过观察每个幼儿的创作过程，适时给予指导和建议。

作为引领者，教师引领的不仅是知识，还是幼儿内在潜能的挖掘；作为支持者，教师要保护幼儿的自信心，让他们在探索中敢于尝试；作为观察者，教师要不断关注幼儿的兴趣和需求，发现他们的潜能，让他们真正成为学习的"小主人"。

"双主体"理念帮助教师重新审视教师和幼儿之间的关系，打破教师单方面输出知识的模式，让教育过程变得更加生动、有趣，不仅提高了幼儿的自信心和创造力，更让他们在日常生活中学到如何与他人沟通和合作。

第九章 "小主人"课程赋能园所

幼儿与教师的共同成长，如同双轮驱动，推动幼儿园不断向高质量发展迈进，形成了独特的教育氛围和精神风貌，让幼儿在爱与自由的土壤中绽放自信、快乐与创造的璀璨光芒。

第一节 园所发展显著

"基于教育场景的幼儿园'小主人'课程实施研究"屡获殊荣，如荣获嘉定区第九届教育科研成果奖一等奖、嘉定区幼儿园课程实施方案一等奖、嘉定区学前教育"大视野"课程试点研究优质奖、幸福课程园本化实施优秀方案奖等。此外，该研究还助力幼儿园在多方面取得显著成就，如连续多年被评为上海市家庭教育工作示范校、2021—2022 学年度上海市安全文明校园、嘉定区第九届教育科研先进集体等。更为重要的是，该研究使得幼儿园课程特色更加鲜明，并极大地推动了园所在管理水平和文化内涵上的全面提升。

一、课程彰显特色

课程作为幼儿园育人的核心载体，其质量与特色直接映射出幼儿园的发展水平与教育理念。该研究不仅进一步强化了课程的实效性，更彰显了课程的特色。这些特色具体体现在以下几个方面。

（一）课程更显主体性

"小主人"课程注重倾听与理解，要求教师俯下身来真心实意地倾听幼儿的心声，更加凸显幼儿在活动中的主体地位，帮助他们实现了从被动接受到主动参与的根本性转变。这种倾听不仅是形式上的，还是心灵上的交流与共鸣，让幼儿感受到被尊重，从而激发他们的内在动力与潜能。在此基础上，"小主人"课程大胆放权，让幼儿在课程实施中据于主导地位。这意味着幼儿不再是简单执行教师指令的"小机器"，而是成为课程设计的参与者、实施者、评价者。他们可以根据自己的兴趣、爱好和认知水平，选择活动内容，决定活动方式，甚至参与活动评价，真正实现了"我的课程我做主"。

为了支持幼儿成为真正的"小主人"，"小主人"课程还注重整合各类资源，为幼儿提供丰富的学习与发展环境。（1）场地资源的灵活运用，如户外自然探究区、室内创意工作坊等。（2）季节资源的巧妙融入，如春季的植树、秋季的果实采摘等。（3）人物资源的充分挖掘，如邀请家长、社区成员共同参与活动。（4）信息技术资源的创新应用，如利用数字平台记录学习轨迹，分享学习成果等。这些措施都旨在为幼儿创造一个开放、多元、富有挑战性的学习空间。这一系列举措不仅极大地促进了幼儿的自主性发展，让他们在实践中学习，在探究中成长，学会了自我决策、自行管理和自我评价，同时也推动了教师的专业发展，要求教师具备更强的观察力、判断力和引导力，以更加灵活和具有创造性的方式支持幼儿的学习与发展。

（二）课程更具糅合性

在"小主人"课程理念的引领下，各班级依据自身的教育场景，巧妙构思并实施了班本化活动。这些活动不再拘泥于固定的模式与框架，而是通过灵活的场景选择，为幼儿提供多样化的学习环境。无论是室内的温馨角落还是户外的广阔天地，都成为幼儿探究与发现的乐园。同时，课程时间与空间安排展现出极大的弹性。一日活动的各个环节被重新设计，以适应幼儿不同的学习节奏与兴趣。作息时间不再是进行一成不变的刻板安排，而是根据幼儿的实际需求与活动进展灵活调整。场地空间也打破了传统界限，实现了室内与室外、班级与班级之间的无缝衔接，为幼儿提供了更加开放与自由的学习空间。

在资源整合方面，课程充分利用了园内园外的丰富资源，不仅有园内的各类设施与材料，还有家长、社区乃至更广泛社会资源的引入，为幼儿的学习创造了无限可能。多元领域的融合更是让课程变得丰富多彩，如艺术、科学、语言、社会等各个领域相互渗透，为幼儿提供了全面而均衡的学习体验。

在这样的课程模式下，幼儿拥有了更多自由自主的空间去感知世界，实际操作材料，亲身体验生活。他们在自我主张的驱动下自主探究，学会了自行管理学习与生活，更在每次的成功与挑战中实现了自我激励。

（三）课程更具开放性

在"小主人"实施中，开放性成为其显著的特征之一。这种开放性不仅体现在课程内容的选择上，更贯穿整个教育过程，为幼儿的个性化成长提供了广阔的空间。课程的设计与实施不再是一成不变的蓝图，而是根据幼儿的兴趣、需求及在实际活动中出现的问题，进行灵活、及时的动态调整。教师时刻捕捉幼儿成长的每个细微变化，并以此为依据，对课程内容进行适时的优化与丰富。这种动态调整机制确保课程紧密契合每个幼儿的独特发展需求，让每个幼儿都能在适合自己的节奏下茁壮成长。

开放性还体现在课程对多元文化与价值观的包容与融合上。在"小主人"课程中，我们鼓励幼儿接触并了解不同文化背景的故事、艺术、习俗等，培养他们的跨文化交流能力。同时，课程也尊重并珍视每个幼儿的个性差异与独特见解，鼓励他们自由表达，勇于创新，从而在一个开放与包容的学习环境中激发自身潜能。

此外，课程的开放性还体现在对家长与社区的深度融合上。通过邀请家长参与课程设计、组织亲子活动、开展社区教育合作等多种形式，我们打破了传统教育的封闭界限，让教育成为一个全社会共同参与、共同促进的过程。

课程的开放性为幼儿提供了一个能按照自己的节奏与方式探索世界、认识自我、实现成长的学习环境，助力他们真正成为自己学习与生活的"小主人"。

（四）课程更具生命力

课程与真实教育场景深度融合，使幼儿的学习不再局限于书本和教室，而是植根于丰富多彩的生活土壤，从而变得更加高效。在这样的课程中，幼儿不是被动接受知识的容器，而是成为主动探究世界的探险家。他们根据自己的兴趣和需求，在教师的引导下，基于真实的生活场景发现问题、解决问题，体验学习的乐趣与成就感。在相同主题下，不同班级根据各自的教育场景，演绎出多姿多彩的课程形态，既延续了园本特色，又实现了课程的个性化创新。

课程班本化实施还极大地激发了教师的创造力与专业性。教师们不再拘泥于固定的教材与教案，而是根据班级幼儿的实际情况，灵活运用各种教育资源，设计出既符合幼儿认知规律又能激发幼儿学习兴趣的活动。这样的课程不仅让幼儿在知识的海洋中畅游，还让他们在情感的滋润下茁壮成长，真正实现了知识与情感的双丰收。

总之，基于教育场景的"小主人"课程更加契合幼儿的生活实际，更加关注幼儿的个性化发展，也因此具有更强的生命力。在这样的课程中，幼儿不但学会了知识，学会了生活，更学会了成长。

二、 园所获得全面发展

除了课程的发展，幼儿园还在管理水平和园所文化内涵上得到了显著提升。一方面，我们建构了更加科学、高效的管理体系，提升了园所的日常运营效率；另一方面，园所文化内涵的丰富与深化，使得教育环境更加温馨、和谐，师幼关系更融洽，为幼儿的健康成长提供了更加坚实的文化基础和精神支撑。

（一）园所管理水平提升

近年来，我园致力于将"幼儿自主性发展""幼儿发展优先""以幼儿为本"等教育理念深度融入园所管理的每个层面，全面激活了园所的创新活力与实践动力。为确保这些理念的有效落地，我们精心建构了一套全面的保障机制，如弹性机制、全员联动机制、共享机制、激励机制，旨在科学提升园所课程管理的效能与水平。

在管理实践中，我们推行全员参与的探索模式，激励每个教职工都成为课程改革的积极参与者和创造者。通过教研、科研、家教及后勤四条线的紧密协作，我们凝聚全园之力，共同推动了"小主人"课程的深化与创新，打造了贴合幼儿成长需求的精品课程。

在课程管理与深度开发层面，我们聚焦"小主人"课程的资源整合与优化，深入挖掘并有效利用包括自然环境、社区资源、家庭力量在内的多元教育资源，将其有机融入课程体系，为幼儿营造更加丰富多样的教育场景。同时，我们强调个性化教学，针对每个幼儿的兴趣与发展特点，制订个性化学习计划，确保每个幼儿都能在适宜的环境中茁壮成长。

这一系列管理创新不仅促进了幼儿全面发展，也显著提升了教师队伍的专业素养。我们还通过定期的教科研活动、专家讲座、外出学习交流等方式，不断拓宽教师视野，增强其专业能力。教师自身也在课程实践中持续学习、反思与总结，逐渐形成个人教育风格与特色，这也反过来进一步提升了园所的教育教学质量。

此外，园所管理水平的提升还体现在与家长、社会的积极互动中。我们通过建立有效的家校沟通机制，如家长会、家园共育活动等，传递科学教育理念，增强家长对幼儿发展的理解与支持。同时，我们积极展示园所教育成果，赢得了社会各界的广泛认可与好评，进一步提升了园所的社会影响力和品牌价值。通过这些举措，我们不仅提升了园所的内部管理水平，也促进了园所与外部环境的和谐共生，为幼儿的健康成长创造了更加优越的条件。

（二）园所文化内涵发展

在"小主人"课程的持续深化与创新中，我们不仅实现了管理水平的升级，更为园所文化内涵的丰富与发展注入新的活力。我们深入挖掘并创新性地诠释了"三向"——向上、向心、向美的文化精神，并将其融入园所的每个角落，使之成为推动园所发展、促进师幼共同成长的不竭动力。

向上，寓意着一种永不停歇的进取精神。师幼像向日葵一样，始终面向阳光，追求知识的滋养与心灵的成长。教师不断提升自我，勇于探索新的教学方法，以更加开放的心态和创新的思维引领幼儿前行。幼儿在丰富的活动中，学会独立思考，敢于尝试，不断挑战自我，展现出蓬勃向上的生命力。这种向上的氛围不仅激发了师幼的内在潜能，更促进了园所整体教育质量的提升。

向心，强调了园所内部的凝聚力与归属感。在"四自"能力发展的道路上，幼儿以乐观的心态面对生活中的每个挑战，享受着成长的快乐。教师成为幼儿成长道路上的坚实后盾，不仅是知识的传授者，更是情感的关怀者，用自己的爱心与智慧，为幼儿营造了一个温馨、和谐的成长环境。师幼间建立起深厚的情感纽带,共同维护这个充满爱的大家庭,让每个幼儿都能感受到家的温暖与力量。

向美,是我园文化内涵的又一重要维度。在课程实施过程中,我们注重培养幼儿的自信心、分享精神和挑战勇气,让他们在活动中展现健康、自信、勇敢的特质。我们不断更新教育理念,让课程更加契合幼儿的生活实际,更加富有创意和趣味性。在这样的课程中,幼儿不仅学到了知识,更体验到了课程之美、教育之美和师幼之间的和谐之美。教师也在这一过程中不断成长,成为更具有专业素养的"大主人"。

"三向"的深度融合与创新实践,不仅丰富了我园的文化内涵,更为师幼的全面发展提供了坚实的基石。在这种文化的滋养下,师幼共同成长、共同进步、共同绘制一幅幅充满生机与活力的教育画卷。未来,我们将继续秉承这一文化精神,不断探索与实践,为幼儿的全面发展贡献更多的智慧与力量。

第二节 管理经验分享

一、 打造彰显课程生长力的园所环境

以往园所环境更关注顶层架构的美观和功用,"小主人"课程则不再一味地追求精致美观,而是融合课程理念和幼儿发展需求,创建可视、可探究、可娱乐、可持续发展的环境。

"小主播"项目一直是"小主人"课程的热点内容之一。从起初的个别化学习活动到后来因幼儿参与兴趣和发展需求拓展而形成班本化课程,幼儿对学习场景的需求也逐渐增大。"我们采访完了还要记录和制作小报,可是教室里的桌子不够了。""我们没有主播台,没办法吸引别人来观看我们播报。""有人说我们播报的声音影响其他人了。"……了解到幼儿的真实想法后,教师也困惑了:班级空间就这么大,怎样才能更好地为幼儿提供更充足且有益的教育场景呢?办公室里,教师聚在一起出谋划策:"可以利用教室外面的走廊,但相关设施设备如何解决?""可以问问幼儿的想法,说不定他们比我们有办法。"于是,回到了教室,教师又继续和幼儿探讨。"你们觉得可以做出哪些改变,让'小主播'项目更好地开展下去?""我觉得找个不打扰别人活动的地方吧。""我觉得弄个主播台,让我们能坐或者站在上面播报。""地方变大一点,我们可以分工做不同的事情。""小主播的各种材料可以再多一点。"……

跟进幼儿的建议,教师梳理出马上能解决的问题,聚焦一个关键点"地方太小,活动受限"。针对空间开发的难题,教师有点犯难。于是,教师带领幼儿来到了园长妈妈的办公室,向她诉说了"小主播"的真实想法。第二天,园长妈妈召集所有教师开展了教研沙龙,大家针对"如何打造'小主播'所需的教育场景"进行热烈讨论。"最大的问

题就是空间小，那再开辟一个地方。""我们的幼儿园就这么大，教室、三角厅的每个地方都用到了，还能怎样开发呢？""我们现在的环境功能太单一了。你瞧，餐厅这么大，却只能在进餐的时候用，其他时候就这么空着，不是白白浪费了吗？"一语激起千层浪，大家一下子思路被打开："对啊，开发现有空间环境，将生活环境与课程活动相融合，实现教育场景再优化。"

表9-1　餐厅教育场景改造流程

园所层面	教师层面	保育员层面
1. 召集行政班子成员，业务园长介绍教育场景开发的作用，后勤负责人协调保育员了解餐厅的保育操作流程，总务和财务把关基建和经费 2. 预约设计师，提供专业设计意见，反馈师幼改造主张，融合设计理念	1. 业务园长发布"'小主播'场景改造征集公告"，联动全园教师收集改造主张 2. 教研组长和各班教师发布"'小主播'场景改造征集公告"，联动幼儿收集改造主张，梳理共性和个性化主张	1. 后勤负责人结合课程实施所需，与保育员讨论餐厅场景改造的可行性，调整保育操作流程 2. 甄别餐厅环境设施的可变之处，将固定不变的设施转化为灵活可变的设施

餐厅教育场景到底具体怎么改造呢？园长妈妈和教师又开始了多方联动。经过反复的讨论、对接和调整优化，原来供幼儿进餐的餐厅成为一日课程实践和幼儿多元探究的教育场景之一。

表9-2　餐厅改造前后

维度	改造前	改造后
环境	1. 四面墙壁包围 2. 固定进餐桌椅 3. 墙面设计：关于饮食进餐的生活暗示	1. 打破墙面，开放式多进出口 2. 可折叠餐桌、可折叠分餐操作台、电视机、主播台、直播设备、材料柜，椅子与教室合用 3. 墙面设计：生活暗示、"小主播"项目内容张贴栏等
作用	1. 供幼儿吃点心、午餐使用 2. 培养健康饮食的习惯	1. 供幼儿吃点心、午餐使用 2. 培养健康饮食的习惯 3. 供"小主播"采访、编辑、播报、张贴作品等

我们将传统的餐厅环境打造成可灵活转化设施设备、满足幼儿一日活动多元探究体验需要的教育场景。餐厅场景改造为"小主人"体验项目提供了更多的灵感，我们进一步打造了"小画家""小厨师""小木匠""小读者""小科学家"等个性化的场景，逐渐增强了"小主人"课程的生命力。

二、"三向"文化促发展

嘉定区新成幼儿园创办于 1998 年 8 月，一园两址，占地面积为 5 228 平方米。在嘉定区教育局"品质教育"的指引下，园所聚焦"三向"文化：向上，像向日葵那样，追逐阳光，拔节成长，积极向上，寓意师幼有信念，有目标，用真诚、热情拥抱太阳，充满自信，热爱生活，做最好的自己；向心，像向日葵那样，花盘果实挨挨挤挤，凝心聚力，向着同一个目标和方向不断奋然前行，寓意师幼团结合作，微笑面对每一天，乐观、自信地面对生活和学习，成为真正的"大主人"和"小主人"；向美，像向日葵那样，心向美好，展示健康、自信、勇敢的特质，寓意师幼怀有"追求至善至美"的自信，锤炼"大主人"品质，培育"小主人"式的阳光学子，成就课堂之美、教育之美、师幼之美。

（一）向上，赋能、传承与创新

当下教育改革不断推进，"儿童在场景中央"的教育理念日益凸显，培养具有"自主"意识和能力的幼儿是我们追求的目标。"小主人"课程的建构就是为了让幼儿做自己的主人、集体的主人，并为做社会的主人做好准备。

2014 年，我园市级项目"幼儿园'小主人'课程的实施研究"立项，开启了"小主人"课程研究。2020 年，我园区级重点课题"基于教育场景的幼儿园'小主人'课程班本化实施研究"立项，对已有的幼儿园"小主人"课程班本化实施进行重审和再构。通过针对"幼儿自主性发展"和"教师课程实施力"的调查，我们发现，"小主人"课程实施中存在一些问题，如"师幼共建"理念与实施有落差、教育场景挖掘与利用不充分、"四自"能力发展欠深入等，这些问题是幼儿园发展的核心，需要我们进一步调整与改善，不断向上。

随着课题的开展，有的教师认为，原来实施的"小主人"课程班本化活动已经能运用社会资源进行教育教学活动，符合该课题的初衷；有的教师认为，幼儿园对教育场景的挖掘还不充分，相对应的幼儿园"小主人"课程班本化活动实施也就缺乏灵活性。在园长的带领下，几经分析与研讨，我们最终决定丰富"小主人"课程内容，在实践中挖掘更多样化的教育场景。

（二）向心，赋能实施与联动

幼儿在学习、生活、运动、游戏的场景下，力求自然和开放，与场景和谐共处。这种场景在园内处处可见，发挥着隐性课程的价值。

户外，是自然、阳光的绿色环境。一进门，便是宽阔的操场，它沐浴在阳光下，洋溢着活力，而角落里的自然景致则为这广阔的空间增添了几分变化的趣味；后院的沙水池区围种着柚子树、桂花树、蜡梅树等树木，让幼儿在四季轮换中见证自然的奥秘；一米菜园便于幼儿在不同季节种植不同的植物，理解植物生长与水土、阳光、温度的关系。

廊道上，是供幼儿充分互动的开放式活动室。在"小厨师"活动室，仿古的建筑映入眼帘，木色的墙面装饰、延伸的屋檐、琳琅满目的调味品和厨房用具，唤起幼儿对厨师活动的体验。在"小画家"活动室，教师将收集到的塑料盖子、不同纸张、卷纸芯、瓶子等分类摆放，幼儿将这些物品当成装饰材料或创意生活用品，开始创作。"小木匠"活动室展示了扁的、长的、卷的各种木质材料作品，还有铁钉、榔头、锯子、护目镜等活动用具，它们都等待着"小木匠"们的尝试。此外，还有"小主播"活动室、"小科学家"活动室、"小读者"活动室，这些开放式室内环境的重新打造，无一不显现着我们对开放式教育场景的实践。

在调整基础建设的同时，我们每月开展一次教科研联动，全体教师、教研组长、科研组长汇聚一堂，共同商讨基于教育场景的"小主人"课程班本化实践情况。会议厅里，我们能看到这样一幕：班级教师用多媒体播放器播放着近期班级"小主人"专项活动的开展情况。开展"小读者"活动的黄老师结合班级幼儿喜爱听同伴讲故事的情况，说："我们班的幼儿喜欢听同伴讲故事，于是我们从讲故事开始，投放了一些故事播放器供幼儿听听说说。幼儿还喜欢将自己绘画的故事讲给同伴听，于是我们又投放了自制故事的材料，以供幼儿自主制作故事图书，有的制作成翻翻书，有的制作成长卷书……"同样开展"小读者"活动的赵老师接着分享："我们班级里也在开展'小读者'活动，幼儿家里有很多种类的书，所以我们先开始图书'漂流'，再进行故事表演……"看来，不同的班级、不同的幼儿生成的班本化活动是不一样的，那么教师要如何因人而异开展不一样的班本化活动呢？对这个问题，教研组长最有发言权。针对如何识别幼儿兴趣，支持幼儿活动，教研组长带头分享了识别幼儿的兴趣和需要、经验水平、学习特点等的经验。教科研联动，让我们一起走近幼儿，只有通过彼此交流，才能切实满足幼儿的学习需求，从而识别幼儿在不同的场景下进行类似活动的效果差异。

课程从引领到共建的过程，也是学校管理从下到上不断聚力的过程，同样是教师和幼儿逐渐形成"大主人"和"小主人"意识的过程。

（三）向美，赋能延续与期待

我们开展课程，仅靠幼儿园自身还不够，还要和家庭、社区协作，通过家、园、社区协作，助推幼儿园"小主人"课程有效开展。一方面，通过家教条线"请进来"的方式，鼓励家长积极参与"小主人"培养。"吸引家长参与，就是要家长认可'小主人'家庭式培养的重要性，并给家长提供易操作的方法。"在每月一次的课题活动中，孙老师建议教师唤起家长的教育意识，联合家长共同记录"小主人"在家庭各项活动中的表现情况。起初，教师向家长展示了幼儿活动的实录如何撰写——用照片、视频将幼儿的活动情况拍摄下来，把幼儿的行为、语言、情绪等描写出来……当看到教师日常是如此细致地观察幼儿时，家长也愿意积极参加收集幼儿在家庭中表现的活动，一本本幼儿观察记录本在家长手中诞生了。另一方面，幼儿园利用"走出去"的机会，走入社区开展多样的体验活动。大班幼儿穿着园服来到嘉定新城城市规划展示馆，了解嘉定的历史变迁、规划蓝图和新兴科技的产品展示等。"作为生活和学习在嘉定的小朋友，了解嘉定的过去、现在和未来，感受嘉定的变化与发展，是嘉定'小主人'必须经历的过程。"大班组的教师这样表示。

正是由于家长乃至社区的积极支持，基于教育场景的幼儿园"小主人"课程班本化实践才能取得如今丰富、系统的成果。特色将不断积淀，这是我们对未来的美好期待。

图书在版编目（CIP）数据

赋能前行，成就每一个幼儿：基于教育场景的"小主人"课程实施研究 / 严晔著. — 上海：上海教育出版社，2025.4. — ISBN 978-7-5720-3468-8

Ⅰ. G612

中国国家版本馆CIP数据核字第20252NW196号

策　　划　　时　莉

责任编辑　　时　莉　徐建飞

装帧设计　　肖禹西

赋能前行，成就每一个幼儿：基于教育场景的"小主人"课程实施研究
严　晔　著

出版发行　　上海教育出版社有限公司
官　　网　　www.seph.com.cn
地　　址　　上海市闵行区号景路159弄C座
邮　　编　　201101
印　　刷　　上海商务联西印刷有限公司
开　　本　　787×1092　1/16　印张 8.5
字　　数　　165 千字
版　　次　　2025年4月第1版
印　　次　　2025年4月第1次印刷
书　　号　　ISBN 978-7-5720-3468-8/G·3097
定　　价　　58.00 元

如发现质量问题，读者可向本社调换　电话：021-64373213